아이를 위한
하루 한 줄
글쓰기 수업

아이를 위한 하루 한 줄 글쓰기 수업

초판	2021년 4월 20일 1쇄 발행

지은이	고정욱
펴낸이	임창섭
편집인	홍승록
펴낸곳	와우라이프
디자인	꿈지락

출판등록	2009년 12월 8일 제406-2009-000095호
주소	경기도 파주시 송화로 13, 122동 19층 1901호
전화	031-941-9301
팩스	031-941-9302
마케팅	010-3013-4997
이메일	limca1972@hanmail.net

ISBN	979-11-87847-08-3 03370

책값은 표지 뒤쪽에 있습니다.
파본은 구입하신 서점에서 교환해드립니다.

ⓒ 고정욱
이 책은 저작권법에 따라 보호받는 저작물이므로 무단복제를 금지하며
이 책 내용을 이용하려면 저작권자와 와우라이프의 서면동의를 받아야 합니다.

고정욱 박사의 **초등학교 때 시작**해서 **평생** 가는

아이를 위한
하루 한 줄
글쓰기 수업

고정욱 지음

와우라이프

시작하는 글

엄마는 아이에게
가장 좋은 선생님입니다

"**제** 글 좀 봐주세요."

강연을 가면 가끔 자신이 쓴 글을 저에게 들이미는 어린이들이 있습니다. 글쓰기에 관심이 많은 아이들이거나 재능 있는 친구들입니다.

그렇지만 대부분의 어린이들은 글쓰기에 미숙합니다. 우리나라 국어교육에서 가장 미흡한 부분이 '쓰기' 부분이기 때문입니다. 학교의 선생님들도 지도하기가 어려운 부분이 글쓰기입니다. 선생님들이 봐준다면 대개 그저 맞춤법·띄어쓰기를 고쳐줄 정도입니다.

글을 쓴다는 건 따로 시간을 내서 연습을 해봐야 하는 대단히 기능적인 부분입니다. 그래서 학교 현장에서 전문적인 지도가 어렵습니다. 저 역시도 중·고등학교 때 글 지도를 받아본 적은 단 한 번도 없었습니다.

대안은 무엇일까요? 학원은 입시 위주의 논술을 가르칠 뿐입니다. 학원 강사들의 능력 역시 학교 선생님과 대동소이합니다. 글쓰기에 대해 본격적으로 고민하고 그 기능을 가진 사람은 거의 없습니다.

남는 사람은 엄마들뿐입니다. 엄마가 배워서 아이들에게 가르치는 수밖에 없습니다. 다행히 엄마들의 글짓기 교육이 가능한 것은 자녀에 대한 사랑이 바탕에 깔려 있기 때문입니다. 글쓰기를 해본 적이 없다고 두려워할 필요가 없습니다. 초등학생의 글쓰기는 어려운 걸 요구하지 않습니다. 기본적인 걸 엄마가 배우고 익혀서 자녀들에게 지도해 주면 그다음은 아이들이 스스로 터득해 쑥쑥 성장합니다.

 이 책은 바로 그런 의도로 만들어졌습니다. 엄마들이 글을 배워 아이들에게 가르친다는 개념입니다. 아이들의 글쓰기를 도와주기도 하지만 엄마 스스로도 이 책을 통해 글을 보는 눈과 지도하는 능력이 생기도록 구성했습니다. 어쩌면 엄마가 이 책을 읽고 작가가 될지도 모르는 일입니다.

 40년간 글을 쓴 저의 모든 노력을 쉽고 간결하게, 그리고 꼭 필요한 것들로만 골라서 넣었습니다. 도움이 되었으면 참 좋겠습니다.

2021년 새봄 북한산 기슭에서 고정욱

차례

시작하는 글　　엄마는 아이에게 가장 좋은 선생님입니다

|1장| 말과 글의 차이

❶ 가장 중요한 말 _15
❷ 말의 한계와 극복 _16
❸ 문자와 글 _17
❹ 글쓰기의 이점 _18

|2장| 소재

❶ 소재는 어떻게 정하나요? _24
❷ 주제 설정의 유의점 _27

|3장| 글쓰기의 과정

❶ 소단락 나누기 _36
❷ 제목 달기 _39
❸ 첫머리 _41
❹ 끝맺음은 어떻게 할까? _43
❺ 다듬기 _46

|4장| 맞춤법과 띄어쓰기

❶ 맞춤법에 대해 _54
❷ 띄어쓰기 _57

|5장| 문장

❶ 단문(짧은 문장) _65
❷ 복문(긴 문장) _66

|6장| 단락

❶ 단락의 이해 _ 76

❷ 단락구분의 의미 _ 77

❸ 개요와 단락 _ 79

❹ 단락은 어떨 때 바꾸나요? _ 80

❺ 단락의 짜임새 _ 85

|7장| 서술과 묘사

❶ 서술 _ 92

❷ 묘사 _ 96

|8장| 일기

❶ 일기의 형식 _ 104

❷ 일기감은 무엇일까요? _ 105

|9장| 기행문

❶ 어떻게 쓰나요? _112
❷ 형식 _112

|10장| 감상문

❶ 자신의 느낌과 생각이 잘 정리되어야 합니다 _121
❷ 형식에 구애받을 필요가 없습니다 _123
❸ 근거 있는 감상이어야 합니다 _127
❹ 비판정신이 들어가야 합니다 _127
❺ 스토리텔링에 주목해야 합니다 _128
❻ 감동이 가장 큰 핵심입니다 _130

|11장| 생활문

❶ 생활문이란? _136
❷ 생활문의 특성 _138
❷ 생활문은 어떻게 표현하나요? _141

|12장| 편지

❶ 편지란 무엇일까요? _147

❷ 편지의 종류 _149

❸ 편지의 형식 _151

❹ 좋은 편지는 어떤 편지일까요? _153

|13장| 주장글

❶ 주장글의 특징 _160

❷ 주장글의 주제 _161

❸ 표현 방법 _162

❹ 참신한 의견을 논리적으로 _163

❺ 좋은 예를 잘 들도록 만들자 _167

❻ 독창적 대안을 제시 _171

❼ 구체적 근거를 제시 _174

❽ 누구나 할 법한 주장은 피합시다 _177

❾ 퇴고가 중요 _180

❿ 첫머리에서 독자들을 확 끌어당깁니다 _184

⓫ 섣부른 단정을 피하도록 합니다 _ 188

⓬ 때론 재미있게 주장을 펼칠 수도 있습니다 _ 191

⓭ 모범답안이 반드시 좋은 건 아닙니다 _ 194

⓮ 첫머리가 좋아야 끝도 좋습니다 _ 198

⓯ 찬성과 반대 모두 근거가 필요합니다 _ 200

마치는 글   글쓰기에 왕도는 없습니다 _ 204

부록   글쓰기에 인용하면 힘이 되는 명언 _ 206

1.
말은 쉬운데 글은 어렵다
말과 글의 차이

❶ 가장 중요한 말

　말은 쉬운데 글은 참 어렵습니다. 우리 아이가 말은 참 잘하는데 글을 쓰라면 골머리를 앓거나 써 놓은 걸 보면 영 아닌 이유는 무엇일까요? 엄마들도 만나면 밤새도록 이야기 나누는 부모님께 손 편지 한 장 쓰려면 진땀을 쏟아야 하는 건 왜일까요?

　이는 말과 글이 다르기 때문입니다. 우리는 한 마디도 말을 하지 않고는 살 수 없는 세상을 살고 있습니다. 말을 해야만 자신의 의사를 남에게 표시할 수 있고, 남의 의사를 자신이 납득할 수 있습니다.

　이 말이 있음으로 해서 인간들은 의사소통을 하고 정보를 교환하고 표현하고자 하는 바를 드러낼 수 있습니다. 말을 잃어버린다면 인간은 그 존재 의미조차 잃어버릴지도 모릅니다. 다시 말해 우리 인간에게 있어 말이란 인류의 문화와 문명의 바탕에 깔린 중요한 기초인 셈입니다.

　물론 인간의 의사를 표현할 수 있는 수단은 많이 있습니다. 눈을 부릅뜨고 주먹을 쥐어 보이는 몸짓은 위협하는 것이지요. 교통경찰의 수 신호는 신호등이 없는 교차로에서 가라든지 서라는 의사소통을 충분히 해냅니다. 또한 도로 표지판의 비행기 그림은 그 길이 곧장 공항으로 가는 것임을 알게 합니다.

그러나 몸짓이나 신호, 그림은 말을 따라올 수 없는 것들입니다. 말은 체계와 질서를 가지고 있을 뿐 아니라 다양한 표현 방법을 가지고 있기 때문입니다. 이걸 잘 익히고 있는 사람이 말도 잘하고 글도 잘 씁니다.

❷ 말의 한계와 극복

하지만 말도 한계를 가지고 있습니다. 그 첫째가 공간적으로 제한을 받는다는 사실입니다. 수백 미터 떨어져 있는 사람에게 말을 할 수는 없기 때문이지요.

또한 말은 시간적으로 제한을 받습니다. 지금의 내가 미래의 내 친구에게 용건을 전할 수는 없으니까요. 게다가 말은 한 번 토해내면 없어지는 것이기에 기억을 정확히 하거나 돌이키기가 어렵습니다. 뿐만 아니라 말을 하는 동시에 문장을 다듬거나 정제하기가 힘들다는 약점도 가지고 있습니다.

그렇지만 현대 문명은 말의 이러한 단점들을 극복했습니다. 전화와 인터넷을 포함한 네트워크의 발달로 이제 화자 간의 물리적 거리는 아무 문제도 되지 않습니다. 또한 녹음기술의 발달로 우리는 수십 년 전에 죽은 사람의 말을 얼마든지 재생해 들을 수도 있습니다. 유튜브에 올린 동영상은 영구히 확인이 가능할 정도입니다.

그런데 이런 것들은 극히 최근에 이루어진 기술들입니다. 말의 단점은 엄연히 존재했습니다. 이 같은 말의 단점을 보완하는 수단으로 인간은 문자를 만들었습니다.

❸ 문자와 글

문자를 엮으면 그것이 곧 글입니다. 글은 앞서 밝힌 말의 한계를 분명히 뛰어넘을 수 있는 것입니다. 아무리 멀리 있는 사람에게라도 글을 써서 보내면 말하고자 하는 바를 전달할 수 있습니다. 죽은 뒤에라도 글은 후대 사람들에게 읽힐 수 있으며 보존이 가능해서 두고두고 그 내용이 변함없이 전달될 수 있습니다. 또한 다음에 정리하기도 편리합니다. 이로 인해 인류의 문화가 급속도로 발전할 수 있었습니다. 이집트 문명의 파피루스나 중국의 한자가 바로 그것입니다. 우리는 오늘도 수많은 글을 접하며 삶을 영위하고 있습니다.

그렇지만 말을 문자로 바꾸어 놓은 이 글쓰기는 말하기처럼 그렇게 쉬운 것은 아닙니다. 말하기는 일상생활 가운데 하나로서 별다른 노력 없이 자연스럽게 행해집니다. 말만으로 그 의사전달이 부족할 경우 표정, 동작, 어조 등으로 보충할 수도 있습니다.

그러나 글쓰기는 오로지 글자만으로 말하고자 하는 바를 남김없이 표현하고 전달해야 합니다. 또한 글은 완결된 문장의 형식으로 나타나야 합니다. 불필요한 군더더기를 떨쳐 버리고 논리적으로 조리가 맞아야 합니다. 문장의 뜻이 간단명료하게 전달되는 것을 중요한 덕목으로 삼고 있습니다.

글쓰기에 요구되는 이런 사항들은 하루아침에 쉽게 이루어지는 것이 아닙니다. 그러니 우리 아이들이 글을 쓰는 것이 어려울 수밖에 없습니다. 오랜 훈련과 노력 끝에 이루어지는 것이기에 그렇습니다. 좋은 글을 쓰기 위해서는 평소에 많은 연습이 필요합니다. 굳이 많이 읽고, 많이 쓰고, 많이 생각해야 한다는 삼다(三多)가 아니더라도 우리는 매일매일 글과 연관을 맺고 살아갑니다.

❹ 글쓰기의 이점

이 같은 글을 쓰거나 읽는 생활을 통해 우리는 우리의 인격과 교양을 갈고 닦을 수 있을 뿐 아니라 지식의 영역을 넓힐 수 있습니다.

글을 쓰다보면 우리는 사고가 깊어집니다. 글 한 줄을 쓰기 위해서는 생각을 깊이 하고 눈앞의 현상을 관찰, 분석, 종합해야 하기 때문에 사고력이 강해지는 것입니다. 우리 자녀들이 글쓰기를 포기해선 안 되는 이유가 바로 그것입니다.

또한 사물에 대한 이해력이 향상됩니다. 남의 글을 읽거나 쓰면서 새로운 사실을 경험하거나 접하게 되므로 편협한 사고에서 벗어날 수 있기 때문입니다. 교육의 필수가 글쓰기인 이유를 알 수 있습니다. 아래의 초등학생 글을 한번 보겠습니다.

즐겁게 공부하는 길을 찾자

　현재 우리의 교육은 공부만 강요하고 있다. 이로 인해 스트레스를 너무 많이 받아 병원에 실려 가는 학생들도 생겼고, 매일 밤을 새고 있는 학생들도 생겼다. 이런 일들이 더 발생하기 전에 우리 교육제도의 문제점을 바로잡아야 한다.

　그러기 위해서는 우선 학생들이 자신에게 맞는 취미를 찾아서 그 취미를 직업과 연결시키도록 돕는 것이 효과적일 것이라고 생각한다. 마이크로소프트 사를 세운 빌 게이츠는 학창 시절 우등생은 아니었지만, 자신의 취미와 관련된 직업을 찾아서 지금처럼 성공하였다. 이처럼, 자신에게 알맞은 길을 찾으면 학교 성적과 무관하게 성공적인 인생을 누릴 수 있다.

　많은 사람들이 공부를 잘해야만 성공할 수 있다고 생각한다. 또, 돈을 많이 벌어야 성공적이고도 행복한 인생이라고 여긴다. 그리고 돈이 많으려면 공부를 잘해야 한다고 믿는다. 물론, 공부를 잘하면 돈을 많이 벌 수 있다.

　하지만 빌 게이츠는 대학을 중퇴했어도 세상에서 가장 큰 부자가 되었다. 부자라고 모두 행복한 것도 아니다. 네팔의 가난한 아이들이 미국의 부잣집 아이들보다 행복지수가 더 높다고 한다. 좋은 학교 성적보다는 즐겁게 할 수 있는 일을 찾아 미래의 직업과 연관시키는 것이 행복의 지름길이라는 생각이 널리 퍼져야 한다.

모 신문에 연재한 저의 〈글쓰기 교실〉에 투고되었던 글입니다. 6학년 학생이 어설프지만 이 정도 수준의 생각을 가지고 글을 썼습니다. 대단한 것이 아닐 수 없습니다.

글쓰기는 결코 쉬운 작업이 아니지만 또한 우리의 지성을 갈고 닦는 데 있어 가장 빠른 수단이요 방법입니다. 어머니들이 직접 나서서 공부해 자녀들을 지도할 수 있다면 일거양득이 될 수 있습니다. 자녀도 지도하고, 어머니 자신의 글쓰기 실력도 향상될 수 있기 때문입니다.

2.
무엇을 쓸 것인가?
소재

"엄마! 뭘 써?"

글을 쓰라고 하면 아이는 턱을 괴고 이런 질문을 할지도 모릅니다. 지극히 당연합니다. 이는 이상한 게 아닙니다.

우리 아이가 이제 글을 쓰기로 작정한다 해도 문제는 여전히 남기 때문입니다. 그 문제 가운데 가장 큰 것은 바로 '무엇을 쓸 것인가?'입니다.

무엇을 쓸 것인가는 다시 말해 어떤 소재로 글을 쓸 것인가가 문제라는 얘기입니다. 이걸 소재라고 합니다. 이런 소재가 설정되지 않으면 글이 되기 어렵습니다. 자녀가 뭘 쓰냐고 물을 때 엄마들은 이렇게 말을 할 겁니다.

"네가 할아버지 댁에 가서 느낀 거 써."
"놀이동산에서 본 거 써."

맞습니다. 커다란 의미에서 이런 지침도 소재를 알려주는 것이긴 합니다. 소재란 한마디로 글 속에서 이야기할 재료를 말하는 것입니다.

이런 소재를 바탕으로 주제, 즉 글 쓴 사람의 의도, 또는 생각이 담길 수 있습니다. 이렇게 보면 한 편의 글을 완성하는 과정은 글쓴이가 말하고 싶은 것, 곧 주제를 좋은 소재에 담아 알리는 작업이라 할 수 있습니다.

❶ 소재는 어떻게 정하나요?

소재는 우선 명확하고 설득력 있으며 생생한 것이어야 합니다. 이는 마치 맛있는 요리를 위해 신선한 재료가 갖춰져야 하는 것과 마찬가지입니다. 소재가 불분명하거나 지나치게 광범위하면 어디서부터 어떻게 글을 시작해야 할지조차 가늠하기 어렵습니다. 예를 들어 보겠습니다.

우리나라의 남북평화 정책
어린이 청소년들의 고민

이런 소재로 자녀들이 글을 쓰려면 너무나 포괄적이어서 어렵습니다. 어린이의 생각에 한계가 있는데 논문이나 마찬가지인 수준의 소재를 짧은 틀에 담아내기 힘듭니다. 이런 소재가 아닌 작고도 쉬운 소재를 잡아 보도록 하지요.

우리 반 왕따 이야기
용돈은 어떻게 써야 하나?

이런 소재로 글감을 정한다면 훨씬 자세하고 설득력 있게 어린이들도 잘 쓸 수 있을 것입니다. 자기가 잘 알고 있거나 관심을 갖고 있는 소재를 선정하되, 그 소재를 되도록 작게 잡아야 그 글이 성공할 가능성이 높아집니다. 자기 자신도 잘 알지 못하는 큰 소재, 별다른 관심이나 흥미조차도 가져본 바 없는 글감을 선택해서 쓴다면 좋은 글이 나올 수 없을 것입니다. 다음은 초등학생이 여름휴가를 소재로 쓴 글을 보겠습니다.

재충전이 더 중요하다

　곧 여름 방학이고 휴가가 시작된다. 사람들은 대체적으로 산이나 바다로 휴가를 간다. 휴가를 가는 장소는 어디가 더 좋다고 할 수 없다. 왜냐하면 숲은 공기가 맑고 시원하다. 우람한 나무들이 있어서 피부가 타는 것을 막아주고, 시원한 물이 흐르는 계곡도 볼 수 있다. 또, 나무에서 나오는 깨끗한 산소 덕분에 삼림욕을 할 수 있고 등산도 하여 운동도 된다. 그래서 사람들이 산을 좋아한다.
　바다는 푸른빛 물이 출렁거리는 풍경이 아름답고, 아이들의 물장난에 으뜸가는 곳이다. 또, 바닷바람이 아주 시원해서 남녀노소 누구나 바다를 좋아하고 사랑한다.
　이러한 이유 때문에 사람들이 산과 바다를 각각 좋아하는 것이다. 우리는 휴가를 가서 단순히 논다고 생각하지만 실제로는 그렇지 않다. 휴가는 그동안 소모했던 기력을 중간에 재충전하는 휴식이라고 보면 된다. 그리고 휴가를 통하여 열심히 하겠다는 의욕이 생겨서 일을 더 잘할 수 있게 된다.

그러므로 나는 휴가를 어느 곳으로 가는 것보다 휴가를 가서 기력을 재충전하는 것이 더 중요하다는 생각이 든다.

소재 설정에 있어서 두 번째 유의할 점은 독자를 의식하는 일입니다. 글이란 자기 혼자만 보기 위한 것이 아니라 다른 이에게 보이기 위한 것입니다. 독자의 요구와 관심에 맞는 소재를 선택하는 일이 중요합니다. 그건 독자도 확보하고 독자의 공감도 얻을 수 있기 때문입니다.

연탄가게와 석유집

이런 소재로 글을 쓴다고 하면 어린이들에게 먹힐 리 없습니다. 오래된 과거의 이야기이기 때문입니다. 그리고 독자들도 이런 소재를 이해하기 어렵습니다.

태양광과 전기에너지

이런 소재라면 요즘 어린이들이나 독자가 관심을 가질 소재입니다. 독자에게 관심과 흥밋거리가 될 수 있는 소재를 선택하면 글의 설득력과 호소력, 그리고 전파력을 보장받을 수 있습니다. 그러기 위하여서는 독자에게도 보편성을 띨 수 있는 소재를 선택해야 합니다.

❷ 주제 설정의 유의점

소재가 결정되면 주제를 정해야 합니다. 같은 할아버지 이야기라도 이렇게 소재는 다양하게 갈릴 수 있습니다.

폐지 주우러 다니는 할아버지
용돈 잘 주는 할아버지
요양원에 입원하신 할아버지

이런 소재에 따라 주제도 얼마든지 달라집니다. 그런 주제 설정에는 몇 가지 주의해야 할 것들이 있습니다. 이를 잘 지키면 좋은 글을 쓰는 데 도움이 됩니다.

① 문장으로 완성

주제는 하나의 완전한 문장으로 진술되어야 합니다. 다시 말해 한 문장으로 압축되어야 합니다.

우리도 언젠간 노인이 된다.
노인을 존경하자.

이처럼 하나의 주제를 한 문장으로 압축하지 않으면 읽는 사람에게 확실하게 글의 주제를 전달해 강한 인상을 심어줄 수 없게 됩니다.

② 범위 한정
주제를 정할 때 범위를 분명히 해야 합니다.

학급회장은 똑똑한 사람을 뽑아야 한다.

이런 주제는 범위가 아주 분명합니다. 글 쓸 때 크게 어렵거나 실수할 일도 없습니다. 하지만 다음과 같은 주제로 쓰겠다고 나서면 무척 어렵습니다.

다음 대통령은 ○○○이 되어야 한다.

어린이가 이런 큰 주제의 글을 쓸 수는 없습니다. 이건 어른들도 쓰기 힘든 주제이니까요. 차라리 다음과 같은 주제가 더 낫습니다.

우리 집에 강아지가 필요한 이유는?
엄마 아빠, 동생을 낳아 주세요.

이런 식으로 초점이 한정되고 작아야 좋은 주제라고 할 수 있습니다. 또 그래야 실제로 글을 쉽고 재미있게 쓸 수 있습니다. 인간 개개인은 사실상 아는 게 그리 많지 않은 존재이기 때문입니다.

③ 확고한 입장
필자의 의견이나 태도가 분명히 드러나야 합니다. 우리가 글을 쓰는

이유는 나만의 목소리로 하고 싶은 말이 있기 때문입니다. 그런데 주제에서 글쓴이의 목소리가 잘 드러나지 않는다면 그것은 곤란합니다.

건강을 지키기 위해서 8시간 수면을 취하자.

이 주제는 누구나 생각할 수 있는 것입니다. 이런 주제로 글을 쓴다면 그 글 역시 좋은 글이 되지는 못합니다. 차라리 이런 건 어떤가요?

적당한 스트레스는 건강에 도움이 된다.
흥부보다는 놀부가 훨씬 부지런하다.

이러면 독특한 주제가 될 수 있을 것입니다. 그 구체적인 내용과 필자의 의도가 궁금해지기 때문입니다. 명품 사용에 대해 확고한 입장을 피력한 어린이의 글을 하나 보겠습니다.

개성과 형편을 고려해서 해야 한다

(전략) 대부분의 어른들은 명품을 사용하는 아이들에 대해 "어린 나이에 벌써 명품 옷을 입는 것은 좋지 않다. 초등학생들이 명품 옷을 입는다는 건 말이 안 되고, 나이에 어울리지도 않는다."라고 말한다.
얼마 전 신문에서 어린이의 명품사용에 대한 기사를 봤다. 기사 내용은 부유한 집 어린이가 7만원 정도 하는 지우개를 쓴다는 내용이었다. 보통 우리가 쓰는 지우개는 300원인데도 잘 지워지는데, 값이 약 200배 정도 비싼 지우개를 쓴다니! 아무리 명품이라 해도 그건 좀 아닌 것 같다.

나는 자기 개성에 따라 명품을 사용해도 된다고 생각한다. 하지만 자기를 뽐내고 과시하기 위해 자신의 분수에 맞지 않게 쓰는 것은 잘못된 행동이다. 또 다른 친구들이 쓰니까 자기 집 형편이 안 되는데도 비싼 것을 사 달라고 부모를 조르는 일도 없어야 한다고 믿는다. 명품도 한계가 있다. 그러므로 명품도 자기 개성에 따라 사용해도 되지만 그것을 사용할 때는 많이 고려하고 신중하게 사용하는 것이 좋을 것 같다.

④ 새로운 시각

주제가 누구나 다 알고 있는 자명한 이치나 의견이어서는 안 됩니다. 글이라는 것은 남들이 몰랐던 것을 내가 알고 그것을 남에게 알리기 위해 쓰는 것입니다. 그렇기에 다음과 같은 주제는 좋은 주제가 아닙니다.

인간은 만물의 영장이다.
해는 동에서 떠서 서로 진다.

이렇게 뻔한 사실을 글로 써서는 안 됩니다. 차라리 나만의 독특한 주장을 펼쳐야 좋은 글이 됩니다.

인간은 지구를 파먹는 기생충이다.

해는 영원히 지지 않는다.

⑤ 근거

근거에 의해 증명될 수 있는 것이어야 합니다. 과거 갈릴레이는 지구가 태양을 돈다고 주장했습니다. 하지만 증명해내지는 못했습니다. 그로 인해 무서운 종교재판도 받았습니다. 이처럼 주제는 입증할 수 있는 것이어야 합니다.

사과가 떨어지는 건 만유인력의 법칙 때문이다.

풍력이나 태양광에서 얻은 전기로 수소를 만들어 이용하면 환경을 보호한다.

3.

처음에는 쉽지 않은 일
글쓰기의 과정

자녀들이 글을 쓰는 걸 보면 가관입니다. 주의력이 오래 가지 못하니까 쓰다가 다른 곳에 갔다 오고 엉뚱한 것에 집중을 합니다. 지극히 당연한 일이긴 하지만 그렇게 글을 쓰니 쓴 글을 보면 문맥이 안 맞고 빠진 내용이 있거나 같은 말을 두 번 쓰기도 합니다. 그리고 자신이 쓴 내용을 까먹기도 합니다. 이로 인해 전체 문장의 균형을 상실하기도 합니다.

이런 실수를 방지하기 위해 어머니들이 지도할 일은 개요, 다시 말해 글의 줄거리를 미리 작성해 보게 하는 것입니다. 그렇게 되면 앞에서 말한 실수들이 줄어들 수 있습니다. 소재와 주제가 결정되면 그 다음에는 쓸 글의 구상과 전개를 완성해야 하는 것입니다. 글을 많이 써 본 사람은 머릿속으로 이 모든 과정을 진행해도 되지만 어린이들은 어렵습니다. 종이에 메모를 하면서 하도록 지도합니다. 대략 순서는 이렇게 됩니다.

소단락 나누기 → 줄거리 짜기 → 첫 원고 쓰기

❶ 소단락 나누기

제일 먼저 해야 할 일은 쓸 글들을 소단락들을 순서에 따라 배열하는 일입니다. 소단락을 쓰게 할 때는 소재와 주제를 일관되고 일목요연하게 드러나게 하면 됩니다. 아래의 예를 보면 이해가 됩니다.

소재: 할아버지 댁에서 밤 따기.
주제: 밤 따기는 즐겁고 보람 있다.

1. 밤을 따러 가기로 함.
2. 아침 일찍 출발해서 졸리고 피곤했음.
3. 고속도로 휴게소에서 맛있는 것 먹었음.
4. 할아버지 댁에서 친척들과 사촌들 만남.
5. 밤을 따기 시작했는데 가시에 찔리고 산에서 넘어지고 해프닝이 많음.
6. 조금 따다가 싫증이 남.
7. 사촌들과 물고기 잡으러 개천에 감.
8. 밤을 따서 나누고 할아버지 댁에서 고기 구워먹음.
9. 가족은 정말 소중하고 즐거운 존재라는 걸 깨달음.

이렇게 글쓰기의 세부사항을 일관성 있게, 그리고 일목요연하게 드러나도록 정리하면 됩니다. 번호를 붙여 두면 좋습니다. 소단락을 나눠 놓으면 논점이나 이야기 순서를 바꿀 수도 있습니다.

1. 밤을 따러 가기로 함.
2. 고속도로 휴게소에서 맛있는 것을 먹었음.
3. 밤을 따기 시작했는데 가시에 찔리고 산에서 넘어지고 해프닝이 많음.
4. 사촌들과 물고기 잡으러 개천에 감.
5. 가족은 정말 소중하고 즐거운 존재라는 걸 깨달음.

이렇게 줄일 수도 있습니다. 그리고 이야기의 순서를 바꿀 수도 있습니다.

1. 가족은 정말 소중하고 즐거운 존재라는 걸 깨달음.
2. 할아버지 댁에서 친척들과 사촌들 만남.
3. 밤을 따기 시작했는데 가시에 찔리고 산에서 넘어지고 해프닝이 많음
4. 사촌들과 물고기 잡으러 개천에 감.
5. 밤 따서 나누고 할아버지 댁에서 고기 구워먹음.

글을 다 써 놓으면 수정하긴 어렵지만 이렇게 줄거리를 소단락으로 짜 두면 마음대로 바꿀 수 있습니다. 글의 중심 내용이나 구조를 파악하는 데에도 필요합니다. 물론 글쓰기 훈련에도 큰 도움이 됩니다. 나의 경우에는 목차만 잘 짜면 글은 이미 반 이상 쓴 거나 다름없다고 누누이 강조하고 있습니다.

다음의 예문은 자신이 할 이야기를 순서대로 잘 배열해 주장을 펼친 5학년 학생의 글입니다.

옛날과 오늘날의 가정교육

　어른들은 흔히 요즘 아이들이 너무 예의가 없다고 하신다. 나도 그 말에 일리가 있다고 생각한다. 왜냐하면 요즘 대부분의 아이들은 남에 대한 배려는 눈꼽만큼도 없고, 자기 생각만 하기 때문이다.

　그런데 그런 아이들을 보면 그 뒤에는 문제부모가 있다. 그 말은 문제행동을 하는 아이들의 버릇없는 행동은 부모의 잘못된 가정교육 때문이라는 것이다. 요즘은 아이를 많이 낳아서 아주 엄하게 키우던 옛날과는 달리 한 가정에 한 두 명의 아이를 낳아 너무 귀하게만 키우고 아이들이 해달라는 것을 다 해 주는 부모가 대부분이다. 너무 귀하게만 키우다 보니 남을 배려할 줄 모르는 이기적이 아이가 되기 쉽다.

　나는 부모들이 아이를 옛날처럼 엄격하게 키워야 한다고 생각한다. 옛날의 부모들은 스승을 하늘과 같이 여기고 아이교육을 제대로 시키기 위해 서당에 회초리를 보내서 체벌을 해 달라고 부탁했다고 한다. 조금만 야단치거나 잘못을 지적하면 부모가 학교에 찾아오는 요즘과는 너무나 다른 것 같다.

　또 형제가 많은 가정에서 자라난 옛날 아이들은 그 틈에서 서로 양보하고 배려하는 것을 자연스럽게 배우는데, 요즘은 그러기도 쉽지 않다.

　지금부터라도 늦지 않았다. 가정에서 부모님들이, 그리고 학교에서 선생님들께서 교육을 올바르게 한다면 예의바르고 공손하며 남을 배려해주는 아이로 자라날 것이다.

❷ 제목 달기

제목은 그 글의 얼굴이라 할 수 있습니다. 짧은 제목 하나만 봐도 우리는 그 글의 성격이나 주제를 가늠할 수 있기 때문입니다. 따라서 제목을 정한다는 것은 초고를 만드는 데 있어 중요한 문제가 아닐 수 없습니다.

여기서 주의할 것이 하나 있습니다. 어린이들이 글을 쓸 때 아래와 같이 장르를 직접 제목으로 쓰는 경우가 있습니다.

〈독후감〉

○○초등학교 3-1 김민지

이렇게 쓰면 올바른 제목 달기가 아닙니다. 직접 글의 내용을 소개할 수 있는 제목을 달아야 합니다.

〈독후감〉

'가방 들어주는 아이'를 읽고

○○초등학교 4-1 문석우

첫 번째 제목보다 훨씬 생생하며 무슨 책을 읽었는지 알 수 있게 되었습니다.

제목은 대체로 이해하기 쉽고 선명한 것이 좋지만 때에 따라서는 암시적, 상징적인 것이 효과적일 수도 있습니다.
　주장글이나 설명문 같은 경우는 글의 주제로써 제목을 삼는 것이 일반적입니다.

　　용돈을 아껴 쓰자
　　땅벌은 개미에서 진화했다

　하지만 독후감이나 문예문은 소재나 주제 혹은 이미지나 상징을 이용한 제목을 다는 것이 좋습니다.

　　〈독후감〉

　　나도 친구의 가방을 들어주고 싶다
　　 - '가방 들어주는 아이'를 읽고
　　　　　　　　　　　　　　　　　　○○초등학교 5-1 이민정

　주제를 강력하게 부각하고 싶을 경우에는 주제를, 작품의 분위기나 주제를 암시하는 것이 보다 효과적이라 생각될 경우는 이미지나 상징을 제목으로 다는 것이 무난합니다.

〈감상문〉

집 지키는 영웅

- 영화 '나 홀로 집에'를 보고

○○초등학교 6-1 강성범

❸ 첫머리

글을 읽으면서 처음 접하는 문장인 첫머리도 글의 성격에 따라 상당히 달라질 수 있습니다. 논설문 같은 글은 대체로 첫머리 부분이 정해져 있습니다.

3월 5일 치러진 나일초등학교 학생회장 선거가 끝났다. 선거 결과 6학년 3반 이회정 군이 회장에 당선되었다.

이렇게 일정하게 육하원칙을 지키면서 글의 시작을 알리는 방법이 있습니다. 차분하게 논리적으로 글을 읽어내도록 이끄는 것입니다.
그렇지만 모든 글이 이렇지는 않습니다. 문예문 같은 글은 파격적인 서두를 강하게 제시하는 것이 독자들에게 신선한 충격을 줍니다.

"윽! 선생님. 코피 나요!"
회장인 욱진이가 코를 틀어막으면서 우리 반에는 알 수 없는 일들이 일어나기 시작했다.

이렇게 강력한 첫인상을 주고 그로 인해 흡인력을 획득하는 게 오히려 효과적이기 때문입니다.

대개의 경우 글의 첫머리는 문제를 제기하거나 암시한다든지 주의를 환기하는 부분입니다. 어떤 내용을, 어떤 이유로, 어떻게 다룰 것인가를 밝히는 부분으로 생각하면 틀림없을 것입니다. 다음의 방법 가운데 하나를 쓰는 게 무난합니다.

이 글은 오늘날 우리 어린이들이 빠져서 헤어 나오지 못하는 게임이 대한 것입니다. 게임의 문제가 무엇인지 장단점은 무엇인지 살펴보겠습니다. 특히 온라인게임의 문제점을 여러 아이들의 인터뷰를 통해 알아봅니다.

글의 시작을 글의 목적을 밝히면서 내용이나 방법을 자세히 소개하며 시작했습니다. 무난합니다.

또 다른 예로는 주의를 환기시킴으로써 과제에 자연스럽게 접근하도록 하는 방법입니다.

문득 엄마나 아빠가 오늘 돌아가셨다고 상상해 본 적이 있는가? 정말 무섭고 끔찍한 일이 아닐 수 없다.

충격적인 가정을 통해 자신이 말하고자 하는 효도에 대해 독자가 관심을 갖도록 유도하고 있습니다. 솔직하게 자기 고백적으로 서술했습니다. 독자들이 집중할 수밖에 없습니다.

시간은 금이라고 했습니다. 하지만 우리는 시간의 소중함을 잘 알지 못합니다.

이것은 짧고 참신한 명언을 이용한 것입니다. 누구나 인정하는 신뢰할 만한 명구로 시작하면 글이 믿음직해집니다.

제 친구는 소아암에 걸려 늘 병원에 입원해 있습니다.

이 글은 건강에 대한 글입니다. 운동을 열심히 해야 건강하게 살 수 있다는 주제로 글을 쓰기 위해 주제와 관련되는 다른 소재를 끌어왔습니다. 소아암에 걸린 아이가 어떻게 되었는지 궁금해서 글을 집중해서 읽게 할 겁니다. 그러면서 자연스럽게 건강의 소중함을 알게 합니다.

❹ 끝맺음은 어떻게 할까?

이 책을 읽고 나는 느낀 점이 많았다.

독후감을 쓰라고 했더니 줄거리만 잔뜩 인용하고 마무리를 이렇게 한 어린이가 있었습니다. 그런데 글 어디를 봐도 느낀 점이 보이질 않았습니다. 느낀 점이 많았으면 그걸 자세히 써서 보여 주었어야 합니다. 한마디로 마무리에서 글을 망친 것입니다.

마무리도 글의 성격에 따라 얼마든지 독창적인 방식으로 끝낼 수 있습니다.

우리 학교의 발전을 위해서는 남학생과 여학생이 서로 화합하여 자신의 맡은 바 역할을 다해야 합니다.

남학생과 여학생이 화합하자는 글의 마무리 문장입니다. 이렇게 주장글은 자신이 제시하고, 알리고자 하는 주제를 이 부분에서 다시 한 번 간결하게 환기하고, 강조하는 것이 좋습니다.

독서는 가장 좋은 선생님이라는 사실을 알게 되었다. 매일 한 권씩 읽어서 나를 더 지혜로운 사람으로 만들겠다.

자신의 글 내용과 관련된 비전이나 대책 등을 제시하는 것이 무난합니다.
그러나 동화나 소설 혹은 감상문 같은 글은 독자에게 강력한 인상과 충격을 주고 끝낼 수도 있습니다.

홍길동은 율도국을 가장 행복한 나라로 만든 뒤 홀연히 신선이 되어 사라졌습니다.

글의 최고 절정에서 끝을 냈습니다. 독자들은 이런 글을 만나면 아쉽고 여운이 크게 남습니다.

이밖에도 다양하게 글을 마무리 할 수 있습니다. 정해진 틀이 있는 게 아니라는 점을 어린이들에게 지도하는 게 중요합니다. 다만 마무리 하지 않은 글을 쓰는 건 곤란합니다. 독자들은 글을 다 읽고 나면 마지막의 여운을 가장 오래 기억하기 때문입니다. 마무리는 글의 성격에 따라 최선의 효과를 거두기 위한 결과라는 걸 잊지 않도록 자녀들을 지도하면 훌륭합니다.

마무리를 조화롭게 한 글 하나를 보겠습니다.

속독과 정독 모두 중요하다

책 읽는 습관에는 두 가지가 있다. 정독과 속독이 있는데, 정독은 책의 뜻을 정확히 이해하며 차근차근 읽는 것이다. 그리고 속독은 글을 빨리 읽는 것이다.

나는 정독과 속독을 둘 다 잘 해야 한다고 생각한다. 수능시험을 볼 때 국어나 영어 같은 것들은 지문이 길기 때문에 그 한정된 시간 안에 다 읽으려면 빨리, 그리고 그 내용을 잘 파악하면서 읽어야 한다. 그러므로 정독과 속독이 필요하다. 정독과 속독을 같이 하려면 어릴 때부터 두개를 한꺼번에 하는 습관을 들이는 것이 중요하다.

그런데 정독만 잘하거나 속독만 잘하게 된다고 생각해 보자. 정독만 잘하면 글의 내용을 잘 파악하고 이해할 수는 있겠지만 읽는 속도가 너무 느려진다. 그리고 속독만 잘한다면 읽는 시간은 단축되지만 다 읽은 후 글의 내용이 무엇인지 모른다. 그러니까 처음에는 정독을 하다가 정독을 아주 잘 할 수가 있게 될 때 속독도 같이 하는 습관을 들여야 할 것이다.

그러므로 나는 정독과 속독을 모두 잘 할 수 있어야 한다고 생각한다.

❺ 다듬기

어린 자녀가 종이의 칸을 모두 채운 뒤 다 썼다고 뛰쳐나가는 걸 보았을 것입니다. 글의 끝은 지면을 다 채우는 데에 있지 않습니다. 다시 말해 처음 쓴 글이 만족스럽게 완성되는 것은 아니라는 사실을 알려주어야 합니다.

마지막으로 글을 다듬는 수정 작업을 거치지 않을 수 없습니다. 이것을 어려운 말로는 퇴고라고 합니다. 하지만 쉬운 말로 다듬기라고 부르겠습니다.

다듬기를 시키는 것은 아이들 성장과 인성 개발에도 좋습니다. 참을성을 길러 주고, 신중하며 세심한 아이로 만들 수 있기 때문입니다.

물론 초고가 곧 완성된 원고라면 얼마나 좋을까마는 사람이 하는 일은 다듬고 손을 보면서 완성되기 마련입니다. 매끄럽고도 완벽한 글을 쓰기 위해서 거듭되는 퇴고는 아무리 많아도 지나치지 않습니다. 다듬기의 유의사항을 몇 가지 들어봅니다.

① 초고를 쓴 뒤 상당한 시간이 흐른 뒤에 퇴고하도록 합니다

일단 참을성 있게 글 한 편을 썼으면 마음껏 놀게 해주고 하루나 이

틀 뒤에 다시 읽어보고 고칠 곳을 고치게 해 줍니다. 그러면 새로운 감각으로 싫증 내지 않고 좋은 글로 완성할 수 있습니다.

② 부드럽게 잘 읽히도록 어색한 곳을 마음에 들 때까지 고치게 합니다

원고지에 쓴 건 다시 새 원고지로 옮기게 하고 컴퓨터에 쓴 건 얼마든지 수정이 가능하니 어려울 게 없습니다.

③ 수정은 요모조모로 따져보고 최선의 것을 선택해서 해야 합니다

여러 방향으로 수정을 할 수 있을 경우 어느 것이 제일 나은가 비교 검토해 보는 것이 중요합니다.

이렇게 해서 한 편의 글이 완성됩니다.

4. 맞춤법과 띄어쓰기

저는 글쓰기 교실을 수년째 운영하고 있습니다. 학생부터 일반인까지 글쓰기에 관심이 있거나 출판을 준비하는 사람들이 그 대상입니다. 코로나 시대를 맞이하여 주로 줌(zoom)으로 교육을 실시합니다.

수강생들은 대부분 글쓰기를 좋아하거나 가슴속에 쓸것이 있어서 그것을 표현하고 싶은 사람들입니다. 글쓰기는 기능적인 것이기 때문에 쉽게 늘지 않으니 저에게 옵니다. 저는 그들의 글을 읽고 부족한 부분을 채우도록 일깨워줍니다. 글의 잘못된 점을 지적해 주고 꼼꼼히 읽어 주는 것이 제 역할입니다.

그들이 가장 어려워하는 것은 문장, 표현 등등 다양하게 많지만 가장 큰 문제가 맞춤법과 띄어쓰기입니다. 너무 어렵다는 것입니다.

그냥 소리 나는 대로 적으면 좋을 텐데 하는 생각을 해 본 적도 있을 겁니다. 아래의 예문을 보면 소리 나는 대로 적는 게 어떤지 판단해 보세요.

오느른부칸이쏴올려따는대류깐탄도미사일때메온나라가시끌법써글떠러따.

맞춤법에 맞지 않는 글은 올바르게 읽기가 어렵습니다. 바로 수정해 보겠습니다.

오늘은 북한이 쏜 대륙 간 탄도 미사일 때문에 온 나라가 시끄러웠다.

쉽게 읽어서 빠르게 의미를 파악할 수 있습니다. 이제 왜 필요한지 잘 알게 되었을 것입니다.

사실 저는 맞춤법과 띄어쓰기를 고민해 본 적이 별로 없습니다. 학교 들어가서 받아쓰기 시험을 보면 항상 100점을 맞았습니다. 자랑이 아니라 공부한 적도 없습니다. 왜 그럴까 생각해 보니 책을 많이 읽었기 때문입니다. 책을 읽다 보니 올바른 맞춤법이 눈에 익고 몸에 배었기 때문에 당연히 맞춤법 시험을 보면 다 맞을 수밖에 없지요. 독서교육과 글쓰기 교육이 맞물려 있는 이유입니다.

그러나 일반인들은 그렇지 않습니다. 책을 많이 읽지도 않을 뿐더러 글을 쓰면서 맞춤법에 대해 고민해 본 적도 별로 없습니다. 그렇다 보니 신경을 쓰지 않고 살다 갑자기 글을 쓰려니 맞춤법과 띄어쓰기가 어려울 수밖에 없습니다. 하지만 어린이들은 다릅니다. 맞춤법과 띄어쓰기를 잘 지키는 것이 중요합니다. 이를 한 번 잘 익히면 평생 가기 때문입니다.

맞춤법 띄어쓰기를 제대로 잡지 않고 놔두면 그대로 성장하여 나중에 큰 불이익을 당합니다. 회사를 지원하거나 중요한 글을 쓸 때 맞춤법이 엉망이면 그 사람의 인격과 별개로 실력 없는 사람, 교양 없는 사람으로 낙인찍히기 때문입니다.

그뿐만이 아닙니다. 우리 자녀들의 가장 중요한 삶의 관문인 입시나 취업이 아이들의 발목을 잡을 수도 있습니다. 논술고사나 취업 시 자기소개서에서 맞춤법 띄어쓰기 오류는 하나 당 몇 점씩 감점이 되기 때문입니다. 간발의 차이로 합격이 결정되는 입시와 취업 전쟁에서 맞춤법과 띄어쓰기를 못하면 기본이 안 되어 있거나 공부를 안 한 사람으로 판단할 여지가 생깁니다.

맞춤법과 띄어쓰기를 잘 지키는 것은 사회적 약속입니다. 맞춤법을 자신도 잘 지키지 못하면서 남의 글에서 틀린 것을 보며 비웃는 경우를 많이 봅니다. 어린 시절부터 맞춤법과 띄어쓰기에 관심을 가지고 공부하며 유념하는 것이 필요합니다.

그런데 요즘의 SNS 글을 보면 한심합니다. 일부러 규칙을 파괴하고 철자를 무시하는 글들이 난무합니다. 장난처럼 쓰다가 나중엔 바로잡지 못하는 일이 생길까 두렵습니다.

어머니들이 자녀의 글을 지도할 때 자신도 맞춤법과 띄어쓰기가 어렵기 때문에 자신 없어 합니다. 고백하자면 작가인 저도 맞춤법과 띄어쓰기를 100% 정확하게 지키지 못합니다. 다만 몸에 배어 있는 습관대로 이게 맞을 것 같은데 하면 거의 대부분이 맞습니다. 체득이 되어 있기 때문입니다. 이렇게 자동으로 체득되는 것이 중요하지만 자주 틀리는 것들을 잘 유념해 두는 것이 좋습니다.

좋은 소식이라면 요즘은 컴퓨터가 잘 발달해 맞춤법과 띄어쓰기를 자동으로 잡아 준다는 사실입니다. 문명의 이기를 잘 이용하는 것이 좋습니다. 4차산업혁명의 시대가 왔기 때문입니다.

우리가 흔히 쓰는 워드 프로그램에서도 맞춤법을 잡아 주는 프로

그램이 있어 대단히 편리합니다. 물론 기계적으로 잡는 것이라 반드시 최종 확인해야 할 필요는 있습니다.

❶ 맞춤법에 대해

맞춤법을 잘 지키기 위해서는 우선 국어사전을 자주 활용해야 합니다. 영어사전은 있어도 국어사전은 없다는 집을 많이 봅니다. 대한민국 사람이 그래서는 안 되겠지요. 어린 자녀를 위해서 손쉽게 궁금한 것을 찾아보는 국어사전 하나 정도는 준비해 주는 것이 좋습니다.

여의치 않으면 핸드폰이나 노트북에서도 얼마든지 표준국어대사전을 설치해서 살펴볼 수 있습니다. 모르는 말이 나오거나 어떻게 쓰는지 잘 모르겠으면 꼭 찾아보는 습관을 들여 주세요. 한 번 찾아본 낱말이나 표현은 평생 우리 아이의 자산이 됩니다.

사전을 가까이 한다면 맞춤법과 띄어쓰기가 어렵지 않습니다. 글쓰기에 필요하고 알아두면 좋을 자주 틀리는 맞춤법 몇 가지를 소개하겠습니다. 보다 전문적인 것은 한글맞춤법규정을 꼭 참고하세요.

다음 예문 중 맞는 것에 동그라미를 쳐 보세요

전시물을 자꾸 (**건들여** / **건드려**) 망가지고 말았습니다.	건드려
(**도대체** / **도데체**) 무슨 이유로 떠났습니까?	도대체
고양이가 사라질 때까지 쥐는 구멍 속에서 (**움츠리다** / **음추리다**).	움추리다
(**굳이** / **구지**) 말하지 않아도 미안해하고 있어.	굳이
할머니께 (**문안** / **무난**)인사를 올렸습니다.	문안
곰이 집앞에 나타나다니 (**희안한** / **희한한**) 일입니다.	희한한
나에게 와서 돈을 내놓으라니 정말 (**어이없다** / **어의없다**).	어이없다
그녀 생각에 (**요세** / **요새**)잠을 못 이룹니다.	요새
사자는 새끼를 (**낭떨어지** / **낭떠러지**)아래로 굴려 살아남는 녀석만 기릅니다.	낭떠러지
하마의 (**발자욱** / **발자국**)은 정말 큽니다.	발자국
(**하마트면** / **하마터면**) 게으르게 살 뻔했습니다.	하마터면
시험 성적 발표가 오늘이라 (**설레임** / **설렘**)으로 가슴이 두근댑니다.	설렘
(**단언컨데** / **단언컨대**) 이 시험은 대학을 가는데 반드시 필요한 것입니다.	단언컨대
노력은 하지 않고 성과만 바라는 습관은 (**대물림** / **되물림**)해서는 안됩니다.	대물림

4장 | 맞춤법과 띄어쓰기

야단 맞은 건 (**금새** / **금세**) 잊어먹고 또 놀러 나갔습니다.	금세
물수제비는 (**납짝한** / **납작한**) 돌멩이를 던지는 것이 좋습니다.	납작한
(**웬만하면** / **왠만하면**) 나의 실수는 용서해 줘.	웬만하면
한번 들러서 그때 일 좀 (**예기해줘** / **얘기해줘**).	얘기해줘
아이들은 (**개구장이** / **개구쟁이**)로 자라는 것이 좋습니다.	개구쟁이
양반은 몸을 (**가벼히** / **가벼이**) 움직이면 안 되는 법이야.	가벼이
김진사는 (**일찍히** / **일찍이**) 과거에 급제했다.	일찍이
우리가 만난 건 (**재작년** / **제작년**)이었습니다.	재작년
(**임마** / **인마**) 빨리 안 치워!	인마
돼지는 (**통채로** / **통째로**) 굽는 것이 맛있습니다.	통째로
길거리에 침을 뱉는 행위는 (**눈살** / **눈쌀**) 찌푸리게 하는 짓이다.	눈살
없어진 물건 내놓으라고 대감님은 (**닥달했다** / **닦달했다**).	닦달했다
나그네는 (**며칠** / **몇일**) 동안 물만 먹으면서 버텼다.	며칠
너 과자 사먹으면 (**않 된다** / **안 된다**).	안 된다
아무리 야단쳐도 선우는 얼굴에 미소만 (**띠고** / **띄고**)	띠고
그것은 우리의 (**바람** / **바램**)이었어.	바람

그 선물을 (**일일히** / **일일이**) 들춰보고 누가 보냈는지 확인해봐.	일일이
어머니는 4남매의 (**뒤치다꺼리** / **뒤치다꺼리**)로 손에 물이 마를 날이 없었습니다.	뒤치다꺼리
아버지는 1년 만에 (**빈털터리** / **빈털털이**)가 되어 돌아왔습니다.	빈털터리
이제는 남자들도 (**설거지** / **설겆이**) 참 잘합니다.	설거지
자고 난 방을 (**깨끗이** / **깨끗히**) 청소하고 갔다.	깨끗이
산삼을 먹고 병이 (**낳았다** / **나았다**).	나았다

❷ 띄어쓰기

맞춤법의 짝을 이루는 규정이 있으니 그것은 바로 띄어쓰기입니다. 한글 맞춤법규정에 의하면 제2항에 이런 규정이 나옵니다.

① 문장의 각 단어는 띄어 씀을 원칙으로 합니다

단어들은 독립적으로 쓸 수 있는 말의 단위입니다. 아이들이 가지고 노는 작은 레고나 큰 레고나 다 하나의 조각이듯 단어도 그 말의 가장 작은 조각입니다. 그렇기에 이 단어들을 띄어 써주는 것이 합리적입니다.

강아지

집

아버지

어머니

아름답다

가다

오다

하지만 우리말의 조사는 접미사가 아니기 때문에 앞 단에 붙여 쓰도록 되어 있습니다.

강아지는

집에

아버지가

어머니에게

이 정도를 틀리는 어린이들은 별로 없습니다. 그래도 저학년일 때는 실수할 수 있으니 익숙해지도록 지도해 주시면 좋습니다.

② 의존 명사는 띄어 씁니다

의존명사는 불완전명사라고도 합니다. 혼자 독립해서 뜻을 살릴 수 없지만 띄어쓰기에서는 붙이지 않고 독립된 공간을 차지합니다.

먹는 것이 남는 거다.
너도 공부할 수 있다.
할 수 있는 만큼 노력해라.
종이 친 지가 오래다.

③ 단위를 나타내는 명사는 띄어 씁니다

생활 속에 자주 쓰는 단위를 알려주는 명사들이 있습니다. 역시 불완전 명사에 속합니다. 띄어 써서 독립시켜 줍니다.

두 개
차 석 대
말 한 마리
아홉 살
볼펜 세 자루
굴비 한 두름

그런데 여기에 예외규정이 있습니다. 이런 예외가 있어서 띄어쓰기가 더 어렵게 느껴집니다. 단위 가운데 순서를 나타내는 경우나 숫자와 어울려 쓰이는 경우에는 붙여 쓸 수 있습니다.

두시 삼십분 오초
제삼세계
사학년 삼반

63층

125동 108호

④ 수를 적을 적에는 '만(萬)' 단위로 띄어 씁니다

우리는 만 단위로 쉼표를 찍습니다. 그런데 서양에선 천 단위로 찍지요. 이것 때문에 아라비아 숫자로 표시하면 뒤에서부터 자릿수를 세는 어려움이 있습니다. 네 자리로 찍으면 참 쉬운데 그게 세계기준이라 통일이 어렵습니다.

십삼억 사천삼백육십삼만 오천칠백팔십구

13억 4363만 5789

⑤ 두 말을 이어 주거나 열거할 적에 쓰이는 다음의 말들은 띄어 씁니다

이어주는 말도 이어줄 때만 필요한 불완전 명사이기에 띄어 쓰는 게 맞습니다.

대표 겸 이사

다섯 내지 여섯

아군 대 적군

회장 및 사장들

연필 노트 등

⑥ 보조용언의 띄어쓰기

규정에는 보조 용언은 띄어 씀을 원칙으로 하고 있습니다. 그렇지만 이 역시도 예외를 허용합니다. 경우에 따라 붙여 씀도 가능합니다.

아이스크림이 녹아 간다. -원칙
아이스크림이 녹아간다. -허용

적들을 막아 낸다.
적들을 막아낸다.

아버지를 도와 드린다.
아버지를 도와드린다.

접시를 깨뜨려 버렸다.
접시를 깨뜨려버렸다.

눈이 올 듯하다.
눈이 올듯하다.

겨울 입수는 할 만하다.
겨울 입수는 할만하다.

⑦ 성과 이름, 호칭어, 관직명

성과 이름은 붙여 씁니다. 호도 마찬가지입니다. 하지만 뒤의 호칭은 띄어 씁니다.

김민지
한석봉 – 본명은 호, 호가 석봉임.
홍길동 씨
채명신 장군
김태식 선생
고정욱 박사

다른 규정도 많이 있지만 이 정도만 알아도 어머니들이 아이들의 글쓰기를 지도하기에는 충분합니다. 좀 더 알고 싶다면 규정을 찾아보시면 됩니다.

5.
의사를 전달하는 최소의 단위
문장

❶ 단문(짧은 문장)

단문은 문장의 기본 형태입니다. 이걸 잘 쓸 수 있어야 여기에 문장의 요소들을 더 얹어서 복잡하고 다양한 형태로 나아갈 수 있습니다.

문장은 대개 주부와 술부로 형성됩니다. 주부는 ~이, 술부는 ~이다. 혹은 어떠하다, 어떻게 한다로 이루어져 있습니다.

나는 김민정이다.
너는 이태식이다.

이런 문장이 대표적인 단문으로 무엇은 무엇이다의 형태입니다.

개가 짖는다.
엄마가 웃는다.

이런 문장은 '무엇이 어떻게 한다'의 형태입니다.

하늘이 맑다.
기분이 좋다.

이런 문장은 '무엇이 어떻다'의 형태입니다.

대개 유초등부 아이들은 이런 문장부터 글쓰기를 시작하게 될 것입니다.
단문이라고 해서 결코 쉬운 것은 아닙니다. 주부와 술부가 잘 호응이 되는가를 알게 해주기 때문입니다.

개가 맑다.
나는 엄마다.
아빠는 자란다.
내가 짖는다.

이런 문장이 맞지 않는다는 것을 익혀 나가야 올바른 단문을 통해 문장의 기초를 익히게 됩니다.

❷ 복문(긴 문장)

① 접속문
복문도 어렵지 않습니다. 단문에 충분히 익숙해지면 복문을 쓸 줄 알아야 합니다.

주어와 서술어가 두 개 이상 들어 있는 문장이 복문이기 때문입니다. 먼저 단순하게 단문 두 개가 이어진 문장을 만들어 보겠습니다.

아빠는 고기를 먹고, 엄마는 야채를 먹는다.
하늘은 푸르고, 땅은 누렇다.

이 문장들은 그 순서를 아래와 같이 바꿔도 아무 문제가 없습니다.

엄마는 야채를 먹고, 아빠는 고기를 먹는다.
땅은 누렇고, 하늘은 푸르다.

이렇게 순서를 바꿔도 별 문제가 없는 문장을 접속문이라고 합니다. 대등한 요소들이 이어지니까 더 길어져도 상관없습니다.

엄마는 야채를 먹고, 아빠는 고기를 먹고, 나는 음료를 마신다.
땅은 누렇고, 하늘은 푸르고, 바람은 차다.

② 단순내포문

여기에서 좀 더 어려운 것은 내포문입니다.

엄마는 아빠가 야채 먹기를 바란다.

이 문장은 '엄마가 바란다'는 단문 안에 바라는 게 '아빠가 야채를 먹는다'라는 명사절이 된 것입니다. 다시 말하면 명사절이 되기 위해 '아빠가 야채 먹기'라고 '기'라는 조사가 붙었습니다. '음'이나 '것'이 쓰이기도 합니다.

엄마는 종이에 '아들은 공부할 것'이라고 썼다.

'엄마는 썼다'라는 단문에 '아들은 공부하다'라는 단문이 하나 더 들어가면서 것의 형태를 갖췄습니다. 이것들은 다 명사절 내포문입니다.

아빠가 문자를 '나 밥 먹었음'이라고 보냈다.

③ 관형절 내포문
관형절 내포문은 또 다른 복문을 꾸밀 때 필요합니다.
명사를 수식하는 '관형사' 자리에 '절'이 내포되는 것입니다. 그렇게 되려면 '~는', '을', '은', '던' 같은 조사가 필요해집니다.

아빠는 늘 늦잠을 자는 나를 좋아한다.
엄마는 잔소리를 듣는 아빠를 미워한다.
나는 얼굴이 예쁜 민지가 귀엽다.
선생님은 숙제를 잘 해온 민지를 칭찬한다.

④ 부사절 내포문

'부사' 자리에 '절'이 내포되면 '부사절 내포문'이 됩니다.

내가 책을 읽다가 너무 늦게까지 자지 않았다.

내가 책도 읽고 잠도 자지 않은 것입니다. '내가 책을 읽다'가 부사절이 된 것입니다.
부사절로 문장을 바꾸려면 ～다가 ～는데, ～하고 보니, ～면서, ～니까, ～자마자 등의 어미가 필요합니다.

엄마가 밥을 하자마자 아빠가 들어왔다.
아빠가 소파에 누우니까 솔솔 잠이 온다.
내가 숙제를 하고 보니 하품이 난다.

⑤ 서술절 내포문

'서술어' 자리에 '절'이 들어가면 '서술절 내포문'이 됩니다.

나는 앞니가 튀어나왔다.

이 문장을 보면 '앞니가 튀어나왔다'라는 문장이 서술절이 되어 복문을 구성하고 있습니다. 그런데 이걸 잘못 해석하면 나와 앞니가 두 개의 주어인 것처럼 헷갈릴 수 있습니다. 나는 튀어나왔다로 느낄 수가 있다는 것입니다. 대개 이럴 때는 튀어나왔다가 서술적의 주어에

국한된다고 보면 됩니다.

엄마가 다리가 길다.
→ 엄마의 다리가 길다.
아빠가 주먹이 크다.
→ 아빠의 주먹이 크다.

⑥ 인용절 내포문

이제 내포문의 마지막 단계입니다. 중학생이나 고등학생 혹은 대학생도 자주 쓰게 되는 인용절 내포문입니다.

자신의 문장만 가지고 모든 글의 내용을 채울 수는 없습니다. 이럴 때 필요한 것이 남이 한 말을 인용하는 것입니다. 인용을 잘 해서 표현해야 글이 더 돋보이고 아름답게 변합니다.

문장 안에 다른 말을 인용해서 집어넣을 때 그 인용되는 주어와 서술어를 인용절이라고 합니다. 자연스럽게 인용절이 들어가는 복문은 인용절 내포문이 되겠지요.

아빠는 '시간이 금이다'라고 말했다.

이 문장은 이렇게 풀어 쓸 수도 있습니다.

아빠는 시간이 금이라고 말했다.

또 다른 문장은 직접인용의 형태입니다.

엄마는 '아빠가 오늘 숙제 검사할 거야'라고 말했다.

이 문장은 이렇게 풀어 쓸 수도 있습니다.

엄마는 아빠가 오늘 숙제 검사할 거라고 말했다.

6.
하나하나의 짧은 이야기
단락

책장에 꽂혀 있는 책을 아무거나 뽑아서 펼쳐 보세요. 모든 책장에 인쇄된 글자가 빼곡이 차 있습니다. 그걸 읽는 게 독서행위입니다. 하지만 팔을 쭉 뻗어 멀리 놓고 보면 글자는 잘 안 보이고 문장들이 모여 있는 덩어리들만 보일 것입니다. 이것이 바로 단락입니다. 단락 구분은 줄을 바꾸는 데에서 시작합니다. 그러다보니 여백이 생기고 그게 문장의 덩어리로 보입니다.

종이도 아까운데 왜 자주 줄 바꾸기를 하는 걸까요? 빼곡하게 글자를 채워 넣으면 더 나을 텐데요.

과거의 책들을 보면 글자들이 빼곡했습니다. 줄 바꾸기가 되지 않은 것이지요. 한자로 쓰인 『논어』, 『맹자』나 우리의 『훈민정음』을 보면 알 수 있습니다.

단락 구분은 서양에서 들어온 것입니다. 읽기 쉽고 내용 파악에 도움이 되고 더 나아가 글쓰기에도 유용하기 때문입니다. 한마디로 편리하고 좋기 때문에 받아들여진 셈입니다.

이 단락이 있기 때문에 우리는 좀 더 쉽게 글들을 읽고 이해할 수 있습니다.

❶ 단락의 이해

아이들이 이 단락을 이해하는 것은 쉬운 일은 아닙니다. 가장 쉽게 이해시키는 건 바로 아래의 순서를 알게 해 주는 것입니다.

① 글자
가, 나, 다, 라……

② 단어
아빠, 강아지, 하늘, 집

③ 문장
진식이가 컴퓨터 게임을 합니다.
나리가 하늘을 봅니다.

④ 단락
우리 집 개의 이름은 달리입니다. 하얀색 요크셔테리어 종입니다. 먹는 걸 좋아하고 아주 쾌활한 녀석입니다. 내가 학교에서 돌아올 때면 발소리만 듣고도 멍멍 짖습니다. 얼마나 영특한 녀석인지 모릅니다.

⑤ 글
하나의 주제를 가진 단락들의 모임들을 글이라고 합니다.

이렇게 놓고 보면 단락은 글이 되기 전 단계라는 걸 알 수 있습니다. 글들을 모으면 그 다음에는 책이 되는 것입니다. 단락은 글의 완성 직전 단계라고 보면 됩니다.

❷ 단락구분의 의미

글은 문장들이 모여서 이루어지는 것입니다. 아무리 어린이들이 쓴 글이라도 한 편의 글에는 문장이 수십 개에서 수백 개 들어갑니다. 아무리 짧은 글이라 해도 이 정도의 문장은 필요하지요. 글은 한마디로 비슷한 성격의 문장들이 논리적으로 이어지면서 결론까지 도달하는 마라톤이라고 해도 과언이 아닙니다. 1킬로미터를 달려야 그다음 1킬로미터를 또 뛸 수 있는 것처럼 문장 하나를 읽고 이해해야 그다음 문장으로 넘어가게 되는 이치입니다.

이 책을 예로 들면 약 10만 개의 글자에 3만 개의 낱말, 그리고 2500여 개의 단락으로 이어져 있습니다.

마라톤의 예가 재미있으니 계속 들어 보겠습니다. 출발은 평탄한데 5킬로미터 지점에서는 갑자기 경사가 시작됩니다. 달리기의 방법도 바뀌어야 합니다. 새로운 상황이 벌어진 겁니다. 글도 마찬가지입니다. 같은 이야기를 쓰다가 내용이 살짝 다음 단계로 넘어갑니다. 그러면 그때부터 새 줄에 쓰기 시작해야 합니다. 내용이 바뀌었음을 독자들에게 알려주는 겁니다. 줄 바꾸기입니다. 이렇게 줄을 바꾼다는 건 만국 공통으로 단락이 바뀌었음을 뜻합니다. 그걸 분류하기 위한 약속입니다. 이걸 '단락구분', '줄바꾸기', '행갈이', '문단 나누기' 등으로 부릅니다.

예를 들어 보겠습니다. 엄마가 요리하는 장면을 아이가 쓴 글입니다.

엄마가 라면을 끓이면

먼저. 냄비에 물을 안칩니다. 물이 끓는 사이에 라면 봉지를 뜯어 내용물을 꺼냅니다. 스프와 야채를 준비합니다. 계란도 잊어서는 안 됩니다. 물이 팔팔 끓을 때 엄마는 라면을 스프와 함께 넣습니다. 파 송송, 계란 탁! 각종 야채와 맛있는 것을 넣었습니다. 한참 익을 때 쯤 엄마는 불 조절을 합니다. 맛있는 라면이 완성됩니다.

라면 끓이는 1단계를 묶어 놓은 것입니다. 이 문장은 다 다르지만 이 단락의 제목을 달라면 '엄마의 라면 끓이기' 정도가 됩니다. 여기에서 우리는 단락이란 하나의 작은 제목으로 묶을 수 있다는 사실을 깨달았습니다.

다음에 엄마가 반찬을 준비하는 이야기가 나오면 단락을 바꿔 새 줄에 쓰는 것입니다. 그러다 가족들이 와서 먹는 내용이 나오면 또 바꿔주면 됩니다.

❸ 개요와 단락

이쯤 되면 앞의 글쓰기의 시작에서 개요를 익혔던 것이 기억이 날 것입니다. 개요는 결국 중심 제목이 되는 키워드들을 이어놓은 것입니다. 이 키워드에 문장들을 붙여 모으면 단락이 됩니다. 이런 토막글들이 모여 완전한 한 편의 글을 만듭니다.

우리 어린이들이 글을 쓸 때는 다음의 단락 제목부터 정하면 손쉽다는 걸 알 수 있습니다. 예를 들어 찰흙 공예에 대해 글을 쓰라고 지도할 때는 그 과정을 잘 생각해 단락의 제목을 정하면 되겠지요.

제목: 찰흙 로봇 만들기

1. 찰흙의 구입과정
2. 준비물
3. 로봇 도안하기
4. 철사로 심지 만들기
5. 찰흙 붙이기
6. 모양 다듬기
7. 섬세하게 마무리
8. 그늘에서 말리기
9. 만들면서 느낀 점

이렇게 짜놓으니 9단락짜리 글이 되었습니다. 번호를 붙일 필요는 없지만 이 단락의 제목에 글들을 붙여 주면 되는 것입니다.
 물론 한 단락이 한편의 글일 수도 있습니다. 짧은 내용을 담고 있으면 그렇지요. 문제풀이 같은 것들은 한 단락이 한편의 완성된 글입니다.

삼각형의 면적은 밑변×높이÷2 다.

 정리하자면 중심적인 생각을 가진 글 뭉치들이 모여서 한 편의 글이 되는 것입니다. 벽돌들을 쌓아올려서 담장을 쌓는 이치입니다.
 우리 어린이들이 단락 구분만 잘 할 수 있다면 그 글은 다 쓴 거나 마찬가지입니다.

❹ 단락은 어떨 때 바꾸나요?

 그렇다면 글을 쓰는 가운데 단락은 언제 바꿀까요? 미리 준비해서 써나간다면 아무 문제가 없지만 준비 없이 쓸 경우 단락 구분을 해 주면서 써야 합니다. 그렇기에 단락 구분에 대한 기준을 정하는 것이 가장 중요한 문제입니다.
 단락 구분에 대해 충분히 아셨으니 자녀들을 잘 지도할 수 있습니다. 이제 가장 중요한 것은 어떨 때 단락을 바꿀까입니다. 어머니들이 확실하게 알고 있어야 아이들에게 단락 바꾸는 이유를 설명할 수 있습니다.

① 소재와 화제가 바뀔 때

앞서 설명했습니다만 이야기하려는 소재나 화제가 바뀌면 당연히 단락을 바꿔야 합니다.

우리집 강아지는 이름이 뽀삐입니다. 아주 귀엽습니다. 영리하고 사랑스럽습니다. 기다리라고 하면 한 시간도 기다립니다. 우리 가족이나 마찬가지입니다.
고양이도 있습니다. 이름은 잭맨. 아주 거만한 녀석입니다. 그래도 우리는 잭맨을 사랑합니다.

강아지 이야기를 하고 고양이 이야기를 하려면 이처럼 단락을 바꿔야 되겠지요. 강아지라는 소재가 고양이로 바뀌었기 때문입니다.

아빠는 부엌일을 하는 것에 찬성입니다. 남자도 이제 모든 걸 다 할 줄 알아야 하기 때문이랍니다. 여자를 돕는 일은 부끄러운 일이 아니랍니다.
엄마는 반대입니다. 돕는다고 하지만 일을 더 만들기 때문이랍니다.

설거지에 대한 이야기지만 아빠 이야기에서 엄마 이야기로 화제가 바뀝니다. 이럴 때는 단락을 구분해 주어야 합니다. 그냥 이어서 써버리면 누가 무슨 말을 했고 어떻게 이야기가 전개되는지 알 수가 없습니다.

② 생각이나 관점이 바뀔 때

생각이나 관점이 바뀔 때는 무조건 단락구분을 해야 합니다. 이것이 가장 중요한 단락 구분의 이유이기 때문입니다. 다음에 예문을 보겠습니다.

    우리 학교의 발전을 위해서는 남학생들이 노력해야 한다고 합니다. 힘도 세고 물건도 잘 나르고, 그리고 무엇보다도 체력적으로 우세하기 때문입니다.
    하지만 여학생도 필요합니다. 세심하고 자상하며 감성적인 여학생들도 함께 학교를 위해 발전에 노력해야 합니다.

    학교 발전에 남학생이 필요하다는 시각에 여학생도 필요하다는 시각으로 관점이 바뀌었습니다. 이럴 때는 줄을 바꿔주고 단락을 구분해야 하는 것입니다. 생각이나 관점, 태도나 단계가 변할 때는 이렇게 단락 구분을 해 줌으로써 주장이 어떻게 흘러가는지 알 수 있게 됩니다. 생각이나 관점이 바뀔 때 단락구분을 잘 해 준 글 하나를 보겠습니다.

다이어트는 해야 한다

    어린이들도 필요하다면 다이어트를 하는 것은 좋다.
    요즘 세상에서는 옛날과 달리 부족한 운동과 과다한 스트레스, 패스트푸드와 인스턴트 음식 섭취 등으로 많은 비만아들이 생겨나고 있다. 왜 이런 일이 벌어진 걸까?
    먼저 우리의 태도를 반성해봐야 한다. 가까운 거리도 차를 타고 다니니 운동부족이 생겨나고 있지 않은가? 살이 찔 수밖에 없다. 그렇게 보면 조금 불편했던 과거의 생활환경이 지금보다 더 좋았다는 걸 알 수 있다.

다이어트가 필요하다고 대부분의 아이들은 자신의 몸 상태를 모르고 무조건 굶기도 한다. 아니면 지나치게 운동하는 등 무리하게 자신의 몸을 힘들게 하여 오히려 건강을 해치는 일들이 일어나고 있다. 대부분의 어른들이 어린이의 다이어트를 반대하는 이유가 그것이다.

다이어트는 꼭 필요한 아이만 하되, 무리하지 않고 지속적으로 꾸준히 해야 한다. 또 식사도 적당량을 해야 한다. 여러 가지 영양소를 골고루 섭취할 수 있어야 한다. 운동은 일단 자신이 즐겁게 동참하며 열심히 할 수 있는 것을 골라 해야 한다.

그리고 꼭 먼저 가져야 할 마음가짐은 자신은 할 수 있다고 생각하는 것이다. 이러한 점들을 잘 알고, 열심히 노력해야 다이어트를 성공할 수 있다.

나는 전 세계의 어린이들이 다이어트를 하지 않아도 건강한 때가 어서 왔으면 좋겠다.

③ 시간이나 장소가 바뀔 때

예문부터 보겠습니다.

학교 수업을 마치고 집을 향해 걸어갔습니다. 문방구 앞을 지나 세탁소 옆을 걸어 터덜터덜 힘없이 민식이는 갔습니다.

집에 도착하니 엄마도 없고 아빠도 없었습니다. 민식이는 기운이 풀립니다. 반겨 주는 것은 강아지 뽀삐뿐입니다. 뽀삐를 끌어안고 민식이는 눈물을 흘렸습니다.

이 글은 시간이 바뀌었습니다. 학교에서 집으로 가는 과정이 먼저 나오다가 몇 분에서 몇 시간을 뛰어넘어 집에 도착한 시간으로 이야기가 전개됩니다. 당연히 줄 바꾸기를 해서 단락을 구분해 주어야 합니다. 등장하는 사람이나 장소가 바뀔 때도 물론 줄 바꾸기가 필요합니다.

④ 말하는 사람이 바뀔 때

"진숙아. 늦어서 미안해."
엄마가 돌아왔습니다.
"엄마! 어디 갔다 왔어요? 무서웠잖아요."
"엄마가 시장에 오랜만에 갔다가 고등학교 동창생을 만나서 수다떠느라 늦었어."

엄마와 딸이 번갈아 이야기를 나누고 있습니다. 한 사람의 대화가 끝날 때마다 줄을 바꿨습니다. 이렇게 단락을 지어 주면 누가 말했는지 일일이 설명 안 해도 알 수 있고 대화와 상황이 한눈에 들어옵니다.
이 밖에도 단락 구분의 기준은 여러 가지가 있지만 초등 수준에서의 줄 바꾸기는 이 정도만 해 줘도 훌륭합니다. 어머니들이 아이들의 글을 봐줄 때 이 네 가지 기준만 잊지 않고 줄 바꾸기를 해 주어도 글은 훨씬 짜임새 있고, 쉽게 이해할 수 있습니다. 또한 무슨 이야기를 하고 있는지 이해하기 좋습니다. 물론 읽는 사람들에게 좋은 평가를 받는 것은 덤입니다.

❺ 단락의 짜임새

단락은 어떤 짜임새를 가지고 있을까요? 단락이 같은 내용이라고 아무 문장이나 마구 늘어놓으면 될까요? 그렇지 않습니다. 싱크대 안에 접시들이 분류되어 들어 있듯 문장들을 잘 정리해서 넣어야 합니다. 원칙과 순서에 의해서 배열해야 합니다.

① 미괄식

제일 쉬운 것은 미괄식입니다. 단락 안의 문장들을 마지막에 정리해 무슨 내용인지 요약하는 방식입니다. 아래 예문을 보겠습니다.

세면대 물을 틀어 얼굴을 닦았습니다. 양치질도 했습니다. 수건으로 얼굴을 훔친 다음 촉촉하게 로션을 발랐습니다. 화장실 밖으로 나와 옷을 갈아입었습니다. 그리고 신발을 신고 문밖으로 나섭니다. 이것이 아침에 내가 집에서 등교하기 전에 하는 일입니다.

이 문장을 보면 아침에 하는 일들을 맨 마지막에 설명하면서 정리해 줍니다. 시간의 순서대로 서술하고 결국은 결론이 나는 것입니다.

② 두괄식

반대로 두괄식도 있습니다.

아침에 하는 일은 이렇습니다. 눈을 비비며 화장실에 가서 세수를 하고 이를 닦습니다. 그리고 나와서 밥을 먹고 옷을 갈아입은 뒤 가방을 메고 현관문을 연 뒤 집 밖으로 나갑니다.

이것은 먼저 그 단락에서 어떤 이야기를 할 건지를 말하는 방식입니다. 독자들에게 미리 무슨 이야기가 나올지 알려주고 설명해 줍니다.

③ 양괄식

중요한 것을 이야기할 때는 핵심 주제문을 처음과 끝에 두는 겁니다. 다음과 같이 하면 됩니다.

장애인은 우리의 친구입니다. 90% 이상의 장애인이 후천적 장애를 갖고 있습니다. 다시 말하면 비장애인이었다가 장애인이 된 것입니다. 이는 누구나 장애인이 될 수 있다는 뜻입니다. 그리고 장애인은 그들의 잘못에 의해 된 것도 아닙니다. 질병이나 사고로 장애를 갖게 되었습니다. 한마디로 나도 장애인이 될 수 있다는 의미입니다. 장애인들을 차별하거나 따돌리는 건 크게 보면 나를 따돌리는 것이기도 합니다. 장애인은 우리의 친구라는 마음으로 대해야 합니다.

대표적인 단락의 구성 방법을 세 가지 소개했습니다. 꼭 이대로 하라는 것은 아닙니다. 자연스럽게 익혀서 단락 안에 하나의 소주제로 이야기를 전개하면서 글을 쓰는 것이 결코 어렵거나 힘들지 않다는 것을 알기만 하면 됩니다. 글쓰기가 훨씬 쉬워지고 빨라질 수 있습니다.

마지막으로 단락구분이 잘 된 어린이의 글을 하나 더 보겠습니다.

번갈아 가며 반장을 하자

지금은 3월, 이제 모두 새 학년에 올라 새 친구를 만나고, 한 학기 동안 자기 반을 이끌어갈 반장을 뽑는다.

거의 모든 학교에서 반장선거를 한다. 후보 중에서 1명을 골라 나눠 준 종이에 이름을 써서 내고, 가장 많은 표를 얻은 아이가 반장이 되는 방법을 택하고 있다.

하지만 이 방법은 자기가 친한 친구를 뽑기도 하고, 매번 반장을 하는 아이가 또 반장을 하는 경우도 종종 있어 문제가 되고 있다. 그러면 이 반장 선거를 어떻게 개선해야 할까?

방법은 바로 일주일마다 반장을 서로 번갈아 가며 하는 것이다. 일주일마다 반장을 서로 번갈아 하면 반 아이들이 모두 반장을 할 수 있고, 일주일 동안 반장이라는 임무를 맡고 있기 때문에 자기가 맡은 임무 해결 능력, 책임감도 길러지고, 아이들에게 잘 보이려고 공부도 더 열심히 할 것이다. 반장을 번갈아 가면서 하는 것은 마치 규칙과도 같기 때문에 아이들이 하기 싫다고 안 하는 경우도 없게 된다.

앞으로 이렇게 반장 선거가 바뀐다면 반 아이들이 책임감을 갖고 반장을 하려고 노력할 것이고, 한 학기마다 반장이 바뀌었는데, 일주일마다 반장이 바뀌니까 아이들에게 더 좋은 경험이 될 것이다.

7.
이야기를 이끌어 가는 두 기둥
서술과 묘사

서술과 묘사는 글에서 이야기를 이끌어가는 두 가지 기둥이라고 보면 정확합니다. 이 개념을 정확하게 알고 있어야 이 둘을 조화롭게 사용할 수 있습니다. 그렇지만 어려운 것은 아닙니다.

재미난 이야기는 오래전부터 서술과 묘사가 뒤섞여 있었습니다. 할머니가 해 주던 옛날이야기를 예로 들어 보겠습니다.

옛날 옛날에, 아주 오래된 옛날 혹부리 할아버지가 살고 있었어요.
이 할아버지 혹은 커다란 호박만한 데다가 거무튀튀한 것이 아주 무겁고 거추장스러웠어요.

옛날이야기의 대사입니다. 이 문장은 서술과 묘사가 번갈아 이야기를 이끌고 있습니다.

첫 문장은 서술입니다. 지금부터 하는 이야기는 오래 전 가공의 이야기라는 걸 단번에 설명합니다. 그리고 이야기의 주인공은 혹부리 할아버지라는 것도 독자들에게 바로 납득시킵니다. 서술이 갖고 있는 힘입니다. 시간을 절약케 하고 바로 사건으로 몰입하게 하는 효과가 서술에 있습니다.

그러나 이야기가 본격적으로 시작되면 그 혹이 어떻게 생겼는지를 자세하게 말로 그려 주는 것은 묘사입니다. 직접 가서 두 눈으로 볼 수는 없지만 말이나 글로 얼마든지 우리는 자신의 상상력을 이용해 대상을 파악하고 그려볼 수 있습니다.

글을 쓸 때 이 두 가지 방법을 잘 섞어 주면 우리는 글을 잘 쓴다는 이야기를 합니다. 어린이들의 글을 지도할 때 적절히 이 두 가지를 섞을 수 있게 어머니들이 신경 써줘야 합니다.

❶ 서술

작가가 해설을 하거나 설명하거나 요약하는 것들을 통틀어 말하는 것입니다.

글을 써나갈 때 모든 내용을 실시간으로 다 그려내며 풀어 나갈 수는 없습니다. 때로는 설명하고 때로는 요약을 해야 되며 때로는 압축해야 합니다. 독자에게 하고 싶은 이야기를 제한된 지면에서 하기 위해서입니다.

내가 다니는 학교는 두산동의 청천초등학교입니다.

이 예문은 바로 설명입니다. 이 문장 하나로 이 글의 주인공은 초등학교 학생이고, 위치는 두산동임을 알게 해 줍니다. 바로 다음 이야기를 끌어낼 수 있는 겁니다.

우리 반에서는 그동안 별별 해괴한 일이 다 있었습니다. 한마디로 사고뭉치반입니다.

이 서술은 요약입니다. 그동안 몇 번의 사건이 있었는지 모르지만 이 학급은 아주 재미있고 시끄러운 곳이라는 걸 단번에 알려줍니다. 그간 있었던 사건을 다 일일이 나열할 필요는 전혀 없습니다. 중요한 건 이제부터 벌어질 사건인 겁니다.

특히 문제를 많이 일으키는 애들은 민경, 은석, 그리고 나입니다.

자, 이쯤 되면 이런 압축 서술로 주인공과 누가 사건을 일으킬지 예상이 됩니다. 점점 흥분이 고조되고 다음 이야기가 기다려집니다. 이런 서술이 중요한 이유는 독자들은 나를 잘 모른다는 사실 때문입니다. 모르기 때문에 설명을 해 줘야 하고 이해시켜야 하기 때문에 서술이 무척 중요한 것입니다.

다른 문장을 보겠습니다. 서술이 얼마나 효과적인지 알 수 있습니다.

오늘은 학교에서 집에까지 오는데 30분이나 걸렸습니다. 오다가 여기저기 기웃대며 걸었기 때문입니다.

이 문장을 보면 어린이가 집에 오는 과정을 서술했습니다. 30분 걸린 내용을 다 적을 수는 없기 때문입니다. 그리고 이것저것 호기심에 기웃거렸다고 하며 한 번에 그 이유까지 알려 주었습니다. 본격적인 사건이 들어가기 전에 이러한 이야기를 해 주는 것입니다. 학교에서 집까지 30분 걸려 왔으니 어떤 일이 벌어질지 독자들은 기대를 하게 됩니다.

그렇다고 서술에만 의지해서 이야기를 이끌 수는 없습니다. 서술이 계속 이어지면 재미가 없기 때문입니다. 예를 들어 아래의 문장을 보겠습니다.

집에 왔습니다. 집에는 아무도 없었습니다. 나는 씻고 숙제를 했습니다. 숙제를 마친 뒤 밥을 먹었습니다. 밥을 먹고 텔레비전을 좀 보다가 잠을 잤습니다. 엄마는 늦게 왔다고 화를 냈습니다. 나는 그만 슬퍼서 울었습니다.

서술로만 이어진 글입니다. 어린이들에게 일기를 쓰라면 대개 이렇게 씁니다. 이런 글은 계속된 서술로 많이 무미건조하고 재미가 없습니다. 물론 그날 오후의 일을 간단하게 압축하는 효과는 있습니다. 글쓴이가 스스로 설명했기 때문입니다.

글을 쓸 때는 서술을 통해 독자들이 최대한 궁금해지고 몰입할 수 있도록 쓰는 걸 지도해 줘야 합니다. 물론 서술이라 해도 생동감 있게 할 수도 있습니다. 다음의 예문을 보겠습니다.

늦게 집에 들어왔습니다. 엄마는 허리에 손을 얹고 나를 기다렸습니다. 불같이 화를 냈습니다. 너무 늦게 왔기 때문입니다. 나는 눈물을 흘렸습니다.

이 정도만 서술을 해도 늦은 것에 대해 엄마가 화를 내고 어떤 일이 벌어질지 궁금합니다. 이렇게 독자의 상상력을 북돋우면서 생동감 있는 서술을 하도록 연습을 많이 해야 합니다.

서술 위주로 쓴 어린이의 글을 보겠습니다.

우정도 하나의 식물

지금 나도 가장 소중한 친구가 있다. 하지만 그 친구는 지금 학교에서 나와 다른 반이다. 우리는 3년 째 특별한 우정을 서로 가지고 있다. 하지만 요새는 둘 다 공부를 하느라 만나지도 못하고 같이 놀지도 못한다. 그래서 지금 만나면 서먹할 것이다. 그 친구도 나도 새로운 우정을 찾아 서로에게 무관심이기 때문이다. 우정도 하나의 식물이라고 생각된다. 내가 가꾸면 무럭무럭 잘 자라지만 내가 그것을 멀리하면 멀리할수록 점점 시드는 것이 우정이다.

기회는 누구에게나 있다. 다만 누가 그 기회를 절호의 찬스로 여기고 덥석 잡아둘지 아니면 그냥 내동댕이쳐 버릴지 그건 개인의 능력에 달려 있다. 만나지 못해 서먹해진 친구는 한 번씩 만나서 우정을 나누고. 서로의 얼굴을 알면서도 인사를 하지 않는 친구는 만나면 정답게 인사해 주고 언제나 나를 보면 인사하고 친절하게 대해 주는 친구에게 한마디만 건네주면 그 시간부터 너는 나의 친구야! 가 되어버리는 것이다.

어린이들에게 글을 쓰라고 하면 대개 나열식으로 지루하고 딱딱하게 씁니다. 조금 더 재미있게 구체적으로 생생하게 서술을 할 수 있도록 훈련시키는 것이 중요합니다. 그래서 필요한 게 바로 묘사입니다.

❷ 묘사

묘사는 대상이 어떠한지를 글로 그림 그리듯 묘사해 주는 것입니다. 최대한 글로 표현하는 것이지만 독자들이 오감을 통해 느낄 수 있게 해 줘야 합니다. 소리, 냄새, 모양, 감촉, 빛깔, 맛 같은 것들을 그림 그리듯이 구체적으로 써 주는 것이지요. 다시 말해 독자들이 직접 느끼지는 못하지만 최대한 비슷하게 느낄 수 있게 해 주는 겁니다. 문학적인 묘사로 갈수록 이런 부분에 능해집니다. 이런 묘사가 있을 때 비로소 독자들은 왕성하게 상상력을 발휘하여 이야기에 빠져듭니다. 예문을 보겠습니다.

감기에 걸리자 온 몸이 용광로처럼 뜨거워졌습니다. 이마에 손을 댄 엄마가 '앗 뜨거!' 하며 놀랐습니다. 콧물이 한강물처럼 계속 흘러내렸고 코푼 휴지가 산더미처럼 쌓였습니다. 머리는 롤러코스터를 타는 것처럼 어지러워 방안이 빙글빙글 돌았습니다. 감기가 이렇게 고통스러운 건지는 몰랐습니다.

감기 걸린 고통을 단순하게 '감기 때문에 괴로웠습니다'라고 서술하지 않고 생생하게 콧물이 나오고 열이 나며 어지럽다고 묘사를 했습니다. 이렇게 하면 감기에 걸려 본 경험이 있는 어린이들이나 독자들은 자신이 걸린 것처럼 생생하게 느끼게 됩니다.

그러면 이렇게 중요한 묘사인데 어떻게 효과적으로 하는 것이 좋을까요?

무엇보다 최대한 실감나게 하는 것이 중요합니다. 효과적으로 표현하여 머릿속에 생생하게 그 느낌이 재생되게 해야 합니다. 아래 예문을 보겠습니다.

어둠이 내리자 악마의 손길처럼 바람이 도시 곳곳을 구석구석 어루만지며 할퀴고 지나갔습니다. 바람이 지나가는 곳마다 끼기긱 비명 지르듯 간판이나 창문이 흔들렸습니다. 음산한 기운이 온 동네를 마치 검은 보자기라도 씌워 놓은 것처럼 감쌌습니다.

가상의 도시가 보이고, 음산한 소리가 들리며 기괴한 느낌이 전달되는 묘사입니다. 이런 묘사를 한다면 이제 곧 어떤 사건이 벌어질지를 예감하게 해 주는 것입니다. 남과 다른 눈과 참신한 시각에서 묘사를 하는 훈련을 많이 할수록 좋은 글을 쓸 수 있습니다. 그러기 위해서는 자신이 경험하거나 느꼈던 것에 대한 솔직한 기억을 잘 간직하고 있어야 합니다. 너무 뻔한 묘사는 재미가 없습니다.

눈앞에 주마등처럼 과거의 일이 떠올랐습니다.
걸음아 날 살려라 도망을 쳤습니다.

이런 표현들은 너무 식상합니다. 어린이다운 참신한 묘사와 서술이 소중합니다.

등 뒤에서 좀비가 오염된 날카로운 손톱을 세우고 쫓아오는 것 같아 소름이 끼쳤습니다. 목청이 터지도록 비명을 지르며 이를 악물고 힘껏 도망을 쳤습니다.

서술과 묘사가 잘 어우러진 글이야말로 독자와 교감하는 좋은 장치입니다. 끝으로 서술과 묘사가 적절하게 섞인 어린이의 글을 하나 보겠습니다.

유익한 만화를 읽고 싶다

어머니들은 무조건 만화책이라면 도움도 되지 않는다고 그런 책 읽을 시간이 있으면 공부를 하라고 하신다.

하지만 이제는 그러지 않아도 된다고 생각한다. 요즘은 유익하고 재미있는 만화, 교과서 만화, 학습만화가 많이 나오기 때문이다.

예를 들어 R이라는 만화는 그림도 아름답고, 내용도 교육적이며 읽고 있으면 자신도 모르게 지식과 경험이 내 것이 된다. 몇 시간이고 만화를 읽어도 눈이 아프지 않고 스트레스도 눈녹듯 사라진다. 그림이 생생하고 풍경화처럼 아름답다. 그런 만화는 오히려 재미있게 읽으면서 지식이 머리에 쏙쏙 들어온다. 또 학원에 다니면서 힘들었던 스트레스도 학습만화를 보면서 공부도 하고 스트레스도 자연히 풀게 된다. 그리고 그런 학습만화가 생기면서 책을 읽기 싫어하는 아이들도 만화를 통해 자연스럽게 책을 접하게 된다.

  교과서 만화는 복습과 예습 요점 정리가 잘 들어 있어 재미있으면서도 시간가는 줄 모르고 보면서 공부가 된다. 그러면 따분한 공부가 아니기 때문에 아이들은 공부를 즐겁게 신나게 하는 것이다. 그러므로 어머니들은 금지하지만 말고 학습에 유익한 만화를 직접 골라 우리에게 보여 주시는 등 만화책의 좋은 점을 이해하시고 우리가 만화책을 읽는 것에 협조해 주셨으면 좋겠다.

8.

문장력 향상과 자기 성찰의 기록

일기

일기야말로 어린이들이 글쓰기 훈련을 할 수 있는 좋은 장르입니다. 딱히 정해진 형식도 없고, 무슨 일이든 기록할 수 있는 장점이 있습니다. 어른들의 입장에서 보면 아주 자유로운 글쓰기 형식이지요.

"일기 왜 이렇게 밀렸어?"

가끔 들여다보아 쓰지 않은 일기가 산더미처럼 밀린 걸 보면 열불이 나기도 합니다. 어린이들은 일기 쓰는 걸 싫어합니다. 이유는 무엇일까요?

우선 자유분방한 어린이들의 삶에서 매일 꾸준히 뭔가를 한다는 것이 결코 쉬운 일은 아니기 때문입니다. 어른들은 교육을 통해 꾸준히 뭔가를 매일 하는 훈련을 받는 것이 중요하다는 것을 알고 있습니다. 그런 훈련방법으로 일기가 참 좋다는 것도 당연합니다. 그러나 공부가 어린이 입장에서는 괴롭고 힘들 듯, 일기 쓰는 게 어려운 것도 사실입니다.

두 번째로는 어쩌면 이게 더 큰 이유일 수 있습니다. 일기는 검사를 받기 때문입니다. 방학 때나 평상시에 학교에서 일기 검사를 합니다. 검사받는 글은 정말 쓰기 싫지요. 자발적으로 즐거운 마음으로 쓰는 것이 즐거운 법입니다. 교육상 어쩔 수 없이 검사를 할 수밖에 없습니다. 청소년 중에는 검사용 일기와 비밀일기를 따로 쓰는 학생도 있습니다.

"오우, 글 솜씨 좋겠는 걸."

오히려 문장력을 두 배로 늘릴 수 있다고 그 학생을 칭찬해 준 일도 있었습니다. 이 모든 게 일기를 검사하는 것 때문에 생긴 진풍경입니다. 어찌 되었건 일기를 매일 쓰도록 훈련하고 유도하는 것은 좋습니다. 문장력도 길러지고 자기 자신의 삶도 매일 반성하거나 성찰하게 되고 나중에는 기록으로 남길 수 있기 때문이지요.

❶ 일기의 형식

일기에 형식이라 할 것은 없습니다. 아무래도 날짜와 요일, 그리고 날씨. 그 정도를 기록하는 것이 형식이라면 형식입니다. 그리고는 담담하게 자기가 쓰고 싶은 형식대로 씁니다.

일기는 독자가 없는 글이기 때문에 일기장이 독자라고 생각하고 있으면 좋습니다. 읽는 사람이 없기 때문에 주어를 생략해도 아무런 문제가 없습니다. 당연히 글 쓴 사람이 나이기 때문입니다.

나는 하루 종일 책을 읽었다.
→ 하루 종일 책을 읽었다.

그리고 그날 바로바로 쓰는 것이기에 언제를 밝힐 필요도 없습니다.

오늘 나는 아침 일찍 일어났다.
➡ 아침 일찍 일어났다.

일기는 이미 날짜부터 적고 그날의 일을 쓰는 것입니다. 주의점은 일기와 일지를 혼동하면 안 된다는 점입니다. 일지와 일기는 그날 있었던 일을 기록으로 남겨 적는 것이 공통점이지만 무엇을 적으라는 내용이 정해져 있지 않습니다. 그야말로 다양한 내용을 적을 수 있다는 것이 장점입니다.

차이점이라면 일기를 쓰면서 자신이 그날에 있었던 느낌이나 교훈, 깨달음을 정리해 주면 좋다는 것입니다. 이런 것이 들어가야 비로소 일기다운 일기가 된다는 점을 잊으면 안 됩니다. 짧게 한두 줄이라도 새롭게 알게 된 것, 느낀 점들을 적도록 지도하시면 좋습니다.

❷ 일기감은 무엇일까요?

"엄마, 일기 쓸 게 없어요."

이렇게 볼멘 소리하는 아이들이 많습니다. 반복되는 일상이 비슷하게 느껴지기 때문입니다. 이것은 다시 얘기하면 관찰력과 주의력이 없이 하루하루를 지낸다는 의미이기도 합니다. 자세히 관찰하고 주의를 집중하다 보면 그날은 분명 어제와 다른 날이기 때문입니다.

① 핸드폰 사진

"그럼 오늘 찍은 사진 좀 보여 줄래?"

가장 좋은 방법은 아이의 핸드폰을 보자고 하는 것이지요. 아이들은 하루에도 몇 번씩 무언가를 사진으로 찍습니다. 동영상도 남깁니다. 그런 것 가운데 사진이나 동영상을 골라서 그걸 찍은 이유와, 그 사진을 통해서 무엇을 느꼈는지를 적도록 하면 좋습니다. 좀 더 흥미를 끌려면 사진을 출력해서 일기장에 잘라 붙이라고 해도 됩니다. 일기장이라고 해서 꼭 글자로만 빼곡히 메울 필요는 없습니다.

사진 찍었을 때는 분명히 찍은 이유가 있습니다. 꽃이 아름답거나 하늘이 멋있고, 강아지가 귀여워서라고 대답할 겁니다. 그러면 그런 내용으로 깊이 생각을 파고 들어가도록 지도하면 됩니다. 그 사진에 얽힌 사건과 일화를 적는 것이 훌륭한 얘기가 될 수 있습니다.

② 사진을 찍게 합니다

관심 있는 것을 사진으로 찍게 해도 좋습니다. 아이들은 관심이 다양합니다. 장난감도 있고, 친구도 있고, 옷도 있으며 때로는 유튜브나 반려동물도 있습니다. 좋아하는 유튜브가 있으면 유튜브를 보고 무엇을 느꼈는지, 그것을 통해 어떤 깨달음이나 각오를 갖게 되었는지를 쓰도록 유도하는 것도 나쁜 방법이 아닙니다. 유익한 유튜브 사이트도 지식과 경험과 즐거움을 주기 때문입니다.

"이 유튜버는 누군지 검색해 봐."

조금 더 나아가 그 유튜브 크리에이터를 검색해 보라고 유도하고 왜 좋은지를 써보도록 해도 됩니다. 아이들 자신이 유튜버가 된다면 무슨 내용으로 할 건지도 물어보세요. 스스로 고민하고 자신이 원하는 유튜브 프로그램을 만들도록 생각해 보고 그 내용을 글로 쓰라고 하면 최고의 일기가 될 수 있습니다.

이밖에도 반려동물이나 장난감, 기타 자전거나 자동차 등 어린이가 좋아하는 물건에 대해서 관찰하고 다른 것들과의 차이점, 특징, 이미지 등을 생각해 보게 하면 일기를 술술 쓸 것입니다.

③ 설명을 해봅니다

그다음에는 누군가에게 설명하는 일기를 쓰게 하는 것도 좋습니다. 자기가 좋아하는 게임의 플레이 방법, 혹은 자신이 자주 간 곳을 이용하는 방법 등을 쓰도록 유도해도 됩니다. 친구들에게 설명하듯이 친절하게 쓰라고 해도 좋습니다. 설명을 하고 알려 주려다 보면 그 지식은 자신의 것이 됩니다. 글쓰기 실력도 늘어나고, 일기라는 숙제도 해결할 수 있으며 좋아하는 게임에 대해서 좀 더 자세히 알게 됩니다. 게임은 컴퓨터 게임도 있지만 보드 게임이나 손쉽게 하는 윷놀이나 바둑, 장기여도 좋습니다. 스포츠나 요리 등등도 모두 일기의 소재입니다.

④ 동시일기를 써봅니다

어린이들은 길게 일기장 한 바닥 쓰는 것을 부담스러워 하기도 합니다. 그럴 때 동시로 써 보라고 제안해 보는 건 어떨까요? 동시로 쓰다 보면 짧아서 어렵지 않게 아이들이 덤벼듭니다.

다만 동시로 쓸 때도 아름다운 시어들을 구사하게 유도하거나 기승전결 같은 전개 방식을 조금만 알려 주면 훨씬 나은 일기가 될 수 있습니다. 다른 동시작가들이 쓴 동시집을 보여 주며 그 안의 마음에 드는 동시를 흉내내어 자신의 하루에 있었던 일들이나 사물 느낌을 간략하게 쓰라고 해도 훌륭한 효과가 납니다.

⑤ 관찰일기

어떤 일이 벌어진 것만 일기의 대상이 되는 것은 아닙니다. 별다른 거리가 없다면 관찰일기를 쓰게 해도 좋습니다. 베란다에서 기르는 식물에 대해 관찰해서 쓰는 것도 좋습니다. 자신의 친구나 엄마 가족, 더 나아가 좋아하는 연예인을 관찰하거나 검색한 내용을 일기로 써도 훌륭합니다.

⑥ 자료 스크랩

일기장에 여행이나 전시회, 혹은 영화 관람 등의 쿠폰이나 티켓을 붙이는 것도 좋은 효과를 발휘합니다. 생생한 경험을 오래 남길 수도 있고, 그런 작은 물건들을 소중히 여기는 인성 좋은 착한 아이로 성장할 수 있기 때문입니다. 일기 쓰기는 어렵지 않으니 관심을 가지고 어린이들이 꾸준히 쓸 수 있도록 격려해 주시기 바랍니다.

매일 쓰기가 부담스러운 아이들을 강요해서 더 멀어지게 할 필요는 없습니다. 못 쓰면 이틀에 한 번, 사흘에 한 번 쓰도록 해도 괜찮습니다. 일기 쓰는 재미를 알게 하고 적절한 보상을 준다면 일기 쓰는 시간을 기다리면서 매일매일 꾸준함을 기르는 효과도 얻게 될 것입니다.

9.
여행과 체험을 더욱 빛나게
기행문

초등학교에서 쓰는 글의 장르 가운데 기행문이 제법 있습니다. 이유는 무엇이냐 하면 요즘 체험 학습이 많아졌기 때문입니다. 과거에는 무조건 학교에 가야 하고 수업 듣는 것만 최고로 알았지만 최근에는 가족들과 함께 여행을 가고 멀리 외국을 다녀오기도 하기 때문입니다. 격세지감이 있지만 여행이 자유로워지니 이런 새로운 학습형태가 나온 것입니다. 이럴 때 학교에 과제로 체험 학습보고서나 기행문을 내게 되는 경우가 많습니다.

　기행문을 잘 써서 내면 체험 학습 효과와 그 결과를 잘 정리할 수 있습니다. 그리고 친구들 앞에서 기행문의 내용을 읽고 발표함으로써 발표력도 기를 수도 있습니다. 다른 아이들에게도 좋은 정보를 나눠 줄 수 있다는 것은 덤입니다. 이처럼 기행문을 잘 쓸 때 그 여행이나 체험이 더욱 빛이 난다는 점을 잊지 말고 어린이들에게 잘 지도해 주시기 바랍니다.

❶ 어떻게 쓰나요?

여행이나 체험을 다녀왔다면 쓰는 게 그다지 어려울 일이 없습니다. 가장 먼저 기행문을 써야 하는 이유를 알아야 좀 더 좋은 글을 쓸 수 있겠지요.

기행문 역시도 시작점은 감상문과 비슷합니다. 여행에서 느낀 감흥과 결과들을 오래 보존한다는 점이 있습니다. 지나고 나면 잊게 되는 여행이지만 기록한 것들을 들춰 보면 다시 기억이 새록새록 되살아날 수 있습니다. 나 역시도 여행을 좋아하는데 여행 다니면서 메모했던 수첩들을 다시 보면 그때 미처 잊고 있었던 기억이 되살아납니다. 그걸 보면 아이디어가 떠오르기도 하고 글 소재가 발견되기도 합니다. 한 마디로 여행을 좀 더 보람 있게 갔다 오는 방법이 바로 기행문을 쓰는 것입니다.

비유하자면 여행에서 얻은 것들을 더욱더 값어치 있게 가공해서 오래도록 보존하는 일을 기행문 쓰기라고 보면 정확합니다. 물론 다른 사람에게도 간접적인 체험 효과를 주고 여행에서 얻은 지식을 전달할 수도 있습니다.

❷ 형식

"엄마, 어떻게 써?"

자녀들은 새로운 글을 쓰라고 하면 이렇게 무턱대고 물어봅니다. 그럴 때 자신있게 대답하면 됩니다.

"마음대로 써."

기행문에 특별한 형식은 없습니다. 그렇기에 두려워 할 필요도 없습니다. 다만, 기행문은 여행이라는 독특한 활동을 하고 난 뒤에 기록을 하는 것이기 때문에 약간의 여행 요소들을 들어가게 해 주는 것이 좋습니다.

① 시작

여행을 어디로 가거나 체험을 하게 되면 가슴이 설레는 게 사실입니다. 그렇기에 기행문을 쓰기 전에는 항상 떠나기 전에 가슴이 설레고 어떤 이유로 여행을 떠나는지에 대한 감흥이 들어가야 합니다. 다짜고짜 '파리에 도착했다.' 혹은 '불국사에 들어갔다.' 이렇게 시작하면 그 여행을 왜 갔으며 그 여행이 얼마나 의미 있는 것인지를 독자들은 알지 못합니다. 아래 예문에서처럼 가슴 설레는 내용을 적어 주는 것이 좋습니다.

드디어 내일이면 태국으로 여행을 간다. 가서 맛있는 바나나도 실컷 먹을 생각을 하니 가슴이 설레어 잠이 안 온다. 엄마 아빠는 밤늦도록 짐을 쌌다. 나는 내 짐을 다 싸 놓고 나니 할 일이 없었다. 들어가 잠자라는 말에 누웠지만 내일부터 있을 신나는 일 때문에 잠이 오지 않고 눈은 갈수록 초롱초롱해졌다.

이렇게 써 주면 글을 읽는 독자들도 함께 설레며 여행의 기분을 느낄 수 있습니다.

② 여정

여정은 기행문의 3대 요소 가운데 하나입니다. 어디를 통해서 어떤 교통수단으로 어떻게 이동했는지를 잘 기록해야 합니다. 여행이 기행문이나 체험 학습의 필수적인 요소입니다. 그렇기 때문에 어디를 거쳐 어떻게 갔는지, 가서 무엇을 보았는지, 어떤 느낌을 느꼈는지 등을 말할 수 있어야 합니다.

주차장에서부터 해인사까지는 걸어 올라가야 했다. 다리가 아파 왔지만 다른 사람들이 대화 나누며 올라가는 것을 보니 참을 만했다. 일주문을 지나 해인사 대웅전을 바라보니 감동이 밀려왔다.

이런 식으로 어디를 거쳐 어떻게 갔는지를 시간과 공간적인 순서로 전개해 주는 것이 좋습니다. 오래 지나고 나면 이렇게 거쳐 갔던 공간과 시간도 기억이 나지 않기 때문에 기록으로서의 의미가 소중해집니다.

③ 견문

여행하면서 보고 느낀 것을 적는 부분이 견문입니다. 그냥 눈으로 본 것이 아니라 자세히 그 지역의 특성과 궁금한 것들은 물어보서 알아내야 합니다. 그리고 누군가 설명해 준다면 잘 메모했다가 집에 돌아와 기행문으로 적는 것이 좋습니다. 그 고장의 풍속이나 역사, 문화나 경치, 숙박시설 같은 것들도 넣어 주면 더 좋습니다.

중국 투루판 사막엔 수로에 물들이 풍부하게 흐르고 있었다. 만년설 녹은 지하수가 흐르기 때문에 농사를 지을 수 있다고 했다. 이 지하수 우물을 팔 때는 그 동네에서 제일 나이 많은 사람이 굴을 파다 죽는다고 한다. 수압에 못 이겨 팅겨져 나오기 때문이다. 거룩한 희생이다.

풍부하게 흐르는 물은 다 누군가의 고귀한 희생 덕분에 지금도 흐른다는 것을 생각하니 숙연해졌다.

이 부분이 기행문의 핵심입니다. 잘 써야 합니다. 정해진 건 없어도 견문을 잘 정리해서 일목요연하게 표현해야 합니다. 여행에서 돌아와 이런 견문을 잘 적으려면 여행하면서도 메모를 게을리 하면 안 됩니다. 메모 습관을 갖게 되는 건 기행문이 주는 고마운 혜택입니다.

④ 감상

기행문에서 가장 필요한 부분입니다. 여행하면서 느낀 점이나 생각 등을 적는 것이지요. 이것을 위해 여행을 하는 것이기 때문에 잘 적어야 합니다. 체험학습이나 여행의 꽃이라고 할 수 있습니다. 느꼈다면 무엇을 왜 느꼈는지 어떻게 느꼈는지를 소상히 밝혀야 합니다.

이번 부산 여행에서 가장 큰 감동은 KTX였다. 부산까지 옛날에는 보름 걸려서 걸어갔다는데 2시간 40분 만에 갔다. 과학의 발달을 느끼지 않을 수 없었다. 앞으로 더 빠른 고속철이 나온다고 한다. 더 많은 곳을 여행 다닐 수 있겠다. 4차산업혁명이 다가오면 더 속도가 빨라질 것 같다.

이런 식으로 무엇이 되었건, 자신이 느낀 점들을 적어 주면 훌륭한 글이 완성됩니다.

⑤ 마무리

기행문을 쓰고 나서 느낀 전체적인 느낌을 마무리로 적어 주는 것이 좋습니다.

이번 여행은 한 마디로 먹방 여행이었다. 맛있는 것을 실컷 먹었다. 아마 10군데의 부산 지역 맛집을 돌아다닌 것 같다. 먹는 거에만 집중하느라 주변에 역사나 문화 경치를 감상할 못한 점이 아쉽다. 다음에 한 번 더 가게 되면 먹는 것 말고도 역사와 사회 사람들 사는 모습을 잘 들여다보고 싶다.

이렇게 마무리해 주면 훌륭한 기행문이 될 수 있습니다. 여행은 사람을 성숙하게 하고 견문을 넓혀 주는 좋은 체험 학습입니다. 많이 가는 것도 좋지만 갈 때마다 반드시 기행문을 남겨 우리 아이들이 개인의 역사를 보관할 수 있도록 지도해 주시면 좋겠습니다.

10.

감동을 받거나 느낀 경험

감상문

자녀들과 함께 지내다 보면 매일매일 비슷한 날들이 이어지는 것 같습니다. 하지만 자세히 보면 그렇지 않습니다. 가끔은 새로운 일도 벌어지고 처음 경험하는 자극들이 이어집니다. 새로운 책을 읽었거나 영화를 보거나 전시회를 가기도 하지요.

그렇게 되면 감동이 느껴지고 새로운 아이디어도 떠오르게 됩니다. 느낌이나 감동이 소중한 이유는 그것들 때문에 내 삶이 조금씩 바뀔 수 있기 때문입니다. 감동을 통해 새롭게 성장하고, 느낌을 통해 새로운 길이 열리는 이치입니다.

스티브 잡스의 경우 대학 1학년 때 들었던 캘리그래피 서체 강의를 듣고 감동받아 컴퓨터에 다양한 그래픽 서체를 개발해 넣을 수 있었다고 합니다.

하지만 문제도 있습니다. 그런 느낌이나 감상이 오래도록 우리 아이들의 뇌리에 남아 있지 않기 때문입니다. 그런 느낌과 감상이 소중하다면 어떻게 장기간 남길 수 있을까요?

그 방법은 단 하나 기록으로 저장하는 것입니다. 그렇게 남긴 글을 감상문이라고 합니다. 자녀들에게 감상문을 쓰라고 하면 아이들은 당황합니다. 어떻게 쓰는지 잘 모르기 때문입니다. 그렇다보니 쓰는 감상문도 재미가 없습니다. 무얼 느끼고 무얼 감동받았는지 알 길이 없습니다.

감상문은 무엇일까요? 대답은 아주 간단합니다. 감동을 받거나 느낀 경험이 있을 때 그것을 글로 옮긴 것이 감상문입니다. 한마디로 감흥이 일어나면 그것이 감상문을 쓰게 만들 수 있는 소재인 것입니다.

그림을 보고 감상을 느낄 수도 있고 영화를 보아도 가능합니다. 물론 책을 읽는 것이 가장 보편적이지요. 이런 감상이 오래가지 않기 때문에 기록으로 남겨야 합니다. 감상문을 글로 옮기면 지워지지 않고 오래도록 감동을 반추할 수 있습니다.

그러면 어떤 대상이 감상문의 소재일까 하는 의문이 생길 수 있습니다. 세상에 있는 모든 것을 감상할 수 있습니다. 유튜브를 보면 게임을 감상하기도 하고, 음식을 먹고 그 맛을 감상하기도 합니다. 무엇이든지 느껴서 감흥이 온다면 감상문을 쓸 수 있습니다. 가장 대표적인 것은 독서 감상문이지만 뮤지컬이나 미술작품 같은 것은 물론 제품을 사용해 보고 감상문을 쓸 수도 있지요.

그렇다면 어떻게 써야 좋은 감상문일까요? 사람의 느낌은 백이면 백, 다 다릅니다. 저의 경우 강연을 열심히 하고 아이들에게 느낌이 어떠냐고 물어본 적이 있습니다.

"선생님. 그렇게 책 많이 쓰신 게 대단해요."
"장애인을 차별하지 않아야겠다고 생각했어요."

"앞으로 책 많이 읽을게요."

대부분의 아이들은 강연 내용이 뭐가 재밌었다, 어떤 점이 좋았다고 마구 앞다퉈 이야기하는데 한 아이가 이렇게 대답했습니다.

"작가님. 휠체어가 너무 멋있다고 생각했어요."

그것도 강연을 들은 감상입니다. 휠체어를 처음 보고 멋있다고 느끼면 곧 장애인에 대해 차별과 편견이 사라지겠지요. 느낌과 감상에 무슨 왕도가 있는 건 전혀 아닙니다. 무엇이든 글로 쓰면 좋은 감상문이 됩니다. 아이들을 굳이 정해진 틀로 이끌 필요는 전혀 없습니다. 우리 아이가 좋은 감상문을 쓰게 하려면 좋은 경험을 많이 시켜 주어야 합니다. 좋은 감상문을 쓰는 요령은 다음과 같습니다.

❶ 자신의 느낌과 생각이 잘 정리되어야 합니다

앞서도 말했지만 감상문은 감동을 오래오래 간직하기 위한 것인데 이것이 잘 정리되어 있지 않다면 마치 집을 멋있게 지어 놓고 그 집 안에 사람이 없는 것과 마찬가지입니다.

학생의 글을 하나 보겠습니다.

만년샤쓰를 읽고 나서

처음 이 책을 접했을 때는 창남이가 활기차고 밝은 아이지만 가난할 것 같았는데 이 책을 다 읽고 나서

'아! 창남이는 어려운 생활이 아닌데 이웃에게 나누어주다가 생활이 어렵게 됐구나.'

하고 생각했다.

그리고 제일 놀란 것은 옷 속에 걸칠 속옷 하나마저 이웃에게 주었다는 사실이다. 자신이 걸칠 속옷마저 이웃에게 주었다는 것이 정말 놀랍다. 나중에 급식실에서 어머니가 옷을 다 나누어주고 벌벌 떨고 있어서 마지막 남은 자기 옷을 주고 나왔다고 선생님께 말을 했는데 어머니가 못 봤냐고 하자, 창남이가 결국에는 눈물방울을 떨어뜨리게 됐다.

자신의 옷을 다 나누어주고 추위에 못 이겨 떨고 있는 눈먼 어머니를 위해 자신의 속옷을 입게 한 창남이가 정말 부러웠다. 왜냐하면 나는 어머니께 그렇게 안 해 주었을 것인데 말이다.

이제부터는 나도 창남이와 창남이 어머니처럼 불쌍한 사람을 도와주고 남을 위해 살아가는 착한 어린이가 되어야겠다.

어린이가 쓴 독서 감상문입니다. 이 책의 주제는 '어려운 사람을 도와야 한다.' 정도가 될 것입니다.

이 글을 쓴 어린이는 이 책을 읽고 그 물음에 대한 느낌과 해답을 스스로 찾아내야 합니다. 그러려면 불쌍한 사람, 가난한 사람은 누구

인지부터 먼저 생각을 해야 합니다. 그들의 어려운 처지를 느껴보려 애써야 합니다. 그리고 그들이 우리와 함께 더불어 살려면 누군가의 도움을 받아야 하는데 도와줘야 하는 이유가 뭔지를 곰곰이 따져봐야 됩니다.

이 글은 끝에 가서 다음과 같이 마무리했습니다.

'불쌍한 사람을 도와주고 남을 위해 살아가는 착한 어린이가 되어야겠다.'

멋지게 마무리 한 것 같지만 정말 막연한 표현입니다. 어떻게 하는 게 불쌍한 사람을 도와주는 건가요? 남을 위해 살아가는 건 어떻게 사는 건가요? 잘 알 수가 없습니다.

이 작품을 보면 자기의 하나밖에 없는 물건조차 남에게 주는 창남이의 마음을 요즘의 어린이들은 쉽게 이해할 수 없습니다. 그렇기에 왜 이해할 수 없는지를 생각하면서 이웃을 돕고 그들과 더불어 사는 방법을 찾아보려 노력해야 합니다. 이런 착한 마음씨는 글로 적어 놓지 않았다면 아마 곧 잊히고 말았을 겁니다.

❷ 형식에 구애받을 필요가 없습니다

대개 어린이들은 감상문 숙제가 나오면 이렇게 물어볼 겁니다.

"감상문 어떻게 써요?"

"뭐라고 써야 할지 모르겠어요."
"무슨 이야기부터 써요?"

어머니들도 그런 질문을 받으면 대답하기가 곤란합니다. 하지만 너무 걱정하지 마세요. 감상문은 어떻게 쓰라고 정해진 것이 없습니다. 편하게 느낀 대로 알게 된 대로 쓰면 됩니다. 그래도 타율적인 아이들이 뭔가 지침을 바랄 수 있습니다. 그럴 때 일단 기본적인 형태를 보여 줍니다.

① 서론 본론 결론의 형태

서론에서는 어린이들이 그 감상을 어떻게 해서 받게 되었는지 말해 주면 됩니다. 책을 읽었다면 무슨 책을 어떻게 읽게 되었다는 것 정도를 밝혀 줍니다.

본론에서 느낀 점과 깨달은 점, 혹은 알게 된 점을 자세히 써 줍니다. 이곳이 감상문 쓰기의 핵심입니다. 서너 가지 정도의 생각을 서술하면 좋습니다.

결론에서 그 감동을 유지하기 위해 무엇을 실천할 것인지 어떻게 노력할 것인지를 적어 주면 됩니다.

이렇게 하면 무난한 감상문이 될 수 있습니다.

다른 감상문 하나 보겠습니다. 『소공녀』를 읽고 쓴 감상문입니다.

안녕. 세라야?

넌 이름이 참 예쁘구나. 난 처음에 너의 이야기를 읽을 때 네 이름을 먼저 생각했어. 참 예쁘다고……. 인도에 있을 때 네가 부자가 된 게 난 너무나 부럽단다. 어머니가 돌아가셔서 아버지랑 살아야 했지만, 너는 아주 행복했을 거야. 아버지가 너를 아주 잘 키워 주셨으니까…….

참! 민틴모범학교에 다녔을 때가 제일 고생이 많았을 거야. 나도 아마 너처럼 많이 힘들어 했을 거고, 또 민틴 선생님의 차가운 눈빛에 놀라기도 했을 거야. 아버지랑 헤어지는 날 참 슬펐겠다. 하지만, 네가 우는 그림을 보고 난 참 이상하다는 생각이 들었어. 아버지랑 헤어지는 것은 슬픈 일이지만, 너는 그 누구보다 더 대접 받고 민틴학교에서 자랐잖아?

베키는 돈이 많이 없어서 하녀로 살게 됐잖아. 하지만, 너도 나중에 너를 그렇게 아껴주시던 아버지가 돌아가셔서 긴 시간이었지만 하녀로 살았잖아. 그러나 넌 친구가 있었잖아. 그래서 친구들이 아주 잘해 주었잖아. 차가운 그 민틴 선생님보다 더! 그렇지만 옆집에 이사 온, 인도 사람이 널 보살펴 주겠다고 해서 너를 베키와 함께 민틴 학교에서 데리고 나갔잖아. 그때 나는 민틴 선생님이 정말 고소하더라! 너를 그렇게 괴롭혔는데 행운이 올 수 있겠니? 하여튼 소공녀가 된 세라야! 안녕!

소공녀를 읽고 주인공인 세라에게 편지를 쓰는 형식의 독서 감상문입니다. 이렇게 자유롭게 형식을 파괴하면서 감상문을 쓸 수 있습니다. 주인공을 친구처럼 여기면서 자유롭게 하고 싶은 말을 할 수 있도록 쓴 점은 칭찬해 줄 만합니다. 서론 본론 결론으로 잘 이어 나갔습니다.

그렇지만 이 글의 가장 큰 문제는 독서 감상문으로서의 느낌이 부족하다는 것입니다. 세라와 이것저것 대화를 나누는 것은 좋지만 책을 읽은 느낌과 자신의 생각이 없습니다. 그렇다 보니 이 책을 읽은 감동을 내 생활에서 어떻게 적용할 것인지에 대한 각오라든가 실천의지도 보이지 않습니다.

세라가 부자여서 부럽다고 했는데 꼭 돈 많은 부자가 좋기만 한 건지 생각해 봐야 합니다. 그리고 대접을 받는다고 해서 아버지와 헤어지는 슬픔이 없어지는 건 아니랍니다. 책을 읽을 때는 내용에 대해 정확하고 올바른 이해가 있어야 합니다. 부분적이고 세세한 것에서 재미를 느낄 수도 있지만 큰 흐름에서 주제를 이해하고 작가가 이 작품을 통해서 무엇을 우리에게 말하려 했는지를 파악해야 좋은 독서 감상문이 나온답니다.

이밖의 자주 쓰이는 형식은 아래와 같습니다.

4단계 : 기 승 전 결
5단계 : 발단 – 전개 – 위기 – 절정 – 결말

감동의 내용에 따라 얼마든지 자신만의 독특한 감상문 형식을 가지면 됩니다.

❸ 근거 있는 감상이어야 합니다

 슈퍼 영웅이 나오는 영화를 보고 감상문을 쓴다면 약자를 구하기 위한 슈퍼 영웅들의 노력에 감동을 받습니다. 당연히 영화의 주제인 권선징악을 눈여겨보아야 합니다. 그런데 거기에 나오는 조커라든가, 악인에게 감동을 느껴선 곤란합니다. 제멋대로 느끼고 제멋대로 쓰는 감상은 감상이 아닙니다. 자신에게 이익을 줄 수 있고, 도움이 되는 감상을 주는 감상문을 쓰도록 해야 합니다.

❹ 비판정신이 들어가야 합니다

 끝으로 감상에서만 그치지 않고 자신의 생각을 가진 비판 정신이 있으면 좋습니다. 영화나 연극, 책이나 미술, 음악이 모두, 사람이 만든 것입니다. 완벽할 리가 없습니다. 그리고 같은 작품을 보고 느껴도 사람마다 느낌이 다릅니다. 어떤 사람은 명작이라고 하고 어떤 사람은 졸작이라고 합니다. 우리 자녀가 글을 쓸 때 꼭 좋은 내용만 쓰지 않아도 괜찮습니다. 비판적인 사고를 가지고 작품의 부족한 점이나 아쉬운 점, 자신이 기대했던 것이 어떻게 다른지 등등을 밝혀 줄 수 있도록 쓴다면 최고의 감상문이 될 수 있습니다.
 비판할 점은 꼭 비판해야 합니다. 예를 들어 디즈니 애니메이션에 주로 백인들이 주인공이라든가, 동화의 주인공이 스스로 문제 해결을 못한다든가 등을 비판할 줄 안다면 좋은 감상문이 되겠지요.

다음과 같은 것들이 감상문에 들어간다면 우리 아이는 좋은 글 쓰게 될 것입니다.

① 자녀들이 감상한 음악이나 미술, 책 등등을 볼 때 주제가 무엇인지를 알도록 해야 합니다

어떤 예술 작품이든 작자가 독자나 예술을 즐기는 사람에게 하고 싶은 말이 있습니다. 그 말을 주제라고 하지요. 잘 파악해야 합니다. 작가가 무슨 말을 하고 싶어 했는지 우리 아이가 정확하게 파악한다면 좋은 감상문이 나올 수 있습니다.

② 두 번째로는 예술품에 구성 요소나 등장인물을 잘 파악해야 합니다

화가라면 무슨 색을 많이 써서 어떻게 표현했는지, 음악이라면 어떤 악기를 통해서 주제를 표현했는지 등등을 파악하는 능력이 있으면 좋습니다. 그렇게 되면 좀 더 구체적이고 생생한 감상문이 될 수 있습니다.

❺ 스토리텔링에 주목해야 합니다

대부분의 예술작품은 스토리가 이어집니다. 그 스토리를 잘 받아들이고 그 흐름을 통해서 느낀 점과 알게 된 점 등을 잘 묘사하는 것이 좋습니다. 그것을 제대로 파악할 때 나만의 멋진 감상문이 나옵니다.

'어사 박문수'를 읽고

박문수 어사님께.

박문수 어사님, 안녕하세요?

전 책을 무척 좋아하는 은정이에요. 어사님의 책을 읽고, 저도 어사님을 닮고 싶어졌어요. 백성들을 사랑하고 도와주는 그런 착한 마음을요.

어사님! 그런데 저도 어사님을 시기하는 사람들을 혼내 주고 싶었어요. 어사님이 반란군과 싸울 때에도 양민들을 보호해 주시는 마음이 정말 멋졌어요. 그런 마음씨를 꼭 닮고 싶어요. 어사님은 정말 좋으시겠어요. 왜냐하면 상도와 아씨와 같은 보호자들이 있으니까요. 저도 그런 보호자들이 있으면 좋겠어요. 그러면 유괴 걱정은 안 될 테니까요. 나쁜 마음과 욕심으로 가득 찬 탐관오리를 혼내 주시고, 많은 억울한 백성들을 도와주신 어사님은 많은 어사님들 중에서도 최고의 어사님이신 것 같아요.

저도 커서 과학자가 되어 많은 것을 연구하고 만들어서 사람들을 편안하게 해 주고 싶어요.

조선시대의 유명한 어사 박문수에 대한 책을 읽고 독후감을 썼습니다. 백성들의 편에 서서 불의를 물리치고 정의를 실천하는 모습이 보기 좋았던 모양입니다. 그래서인지 커서 과학자가 되어 연구를 많이 하고 사람들을 편안하게 해 주겠다고 했네요. 훌륭하고 기특합니다.

그렇지만 그러한 결론이 구체적이지 못합니다. 많은 것을 연구하고 만든다고 했는데 무엇을 연구하고 무엇을 만들 건가요? 뚜렷한 목표와 구체적인 방향이 서 있어야 합니다. 막연하게 '훌륭한 사람 되겠다', '사람들을 편안하게 해 주겠다'라고 생각만 해서는 곤란합니다. 사람을 편안하게 만드는 발명품도 있지만 폭탄이나 무기는 사람을 죽이는 것이 되기도 하니까요.

그리고 '어사님의 마음씨를 꼭 닮고 싶다'는 말이 두 번이나 나옵니다. 독자들은 바보가 아닙니다. 여러 번 같은 말을 반복하는 것은 좋지 않습니다. 한 번 말했으면 그 다음에는 그 말한 것을 바탕으로 좀 더 발전되고 앞으로 나아간 새로운 말로 계속 이어져서 주제를 드러낼 수 있어야 좋은 글이 된답니다.

❻ 감동이 가장 큰 핵심입니다

예술품이나 감상문을 보면 핵심에 감동의 내용이 없습니다. 그 감동이 얼마나 크게 나를 울렸는지 보여 주어야 합니다. 뿐만 아니라 그러한 감동을 받아 나의 삶이 앞으로 어떻게 바뀔지 알려 주어야 합니다. 이런 것들이 구체적으로 밝혀진다면 좋은 감상문이 될 수 있습니다. 이것이 바로 예술품을 만들거나 책을 쓴 사람이 원하는 것이기도 합니다. 감동을 통해 교훈을 얻어낼 줄 알아야 합니다. 그 교훈을 어떻게 실천할지도 보여 주어야 합니다. 이렇게 된다면 완벽한 감상문이라 할 수 있습니다.

'허준'을 읽고

　허준은 아버지가 아는 유의태 선생님을 찾아가 공부를 했다. 의원인 유의태는 이름이 널리 알려져 있었다. 허준은 환자를 사랑하고 욕심이 없는 사람이었다. 허준은 궁궐에도 들어가 임금을 치료했다. 임금은 허준을 아끼고 사랑했다. 벼슬길에 오르게 하려 하였지만 많은 대신들의 반대의견 때문에 거둘 수밖에 없었다. 벼슬길에 오르게 된 허준, 그러나 또다시 허준을 헐뜯는 대신들 때문에 벼슬을 거두고 귀양을 가게 되었다. 그러나 허준은 속상한 마음, 미워하는 마음, 억울한 마음은 조금도 없었다. 그저 책만 펴내었다. 허준은 "동의보감"이라는 책도 펴냈다.

　허준은 많은 대신들의 천대를 받았지만, 환자를 사랑하고 욕심이 없고, 아낌을 받아온 욕심이 절대, 조금도 없는 사람이었다. 죽기 전에 책을 마무리하고 임금께 바쳤다. 광해왕은 책을 읽고 놀라워했다. 허준은 그만큼 공부도 잘 했기 때문이다. 허준은 대신들 때문에 받지 못했던 벼슬을 죽은 뒤 받게 되었다.

　나는 '나도 이제 욕심이 없어야겠다'라는 생각을 했다. 또 '이제는 슬픔, 미움, 속상한 마음이 없어지게 해야지'라고 생각했다. 그리고 '이제 불평하지 말아야지'라고 생각하였다. 그래서 나는 허준을 아주 재밌게 읽었다.

　이 글은 『동의보감』을 써서 우리에게 잘 알려진 허준의 이야기를 읽고 쓴 독서 감상문입니다. 허준의 올곧은 마음에서 받은 감동을 잘 표현했습니다.

그렇지만 이런 글은 문제가 있습니다. 가장 큰 문제는 책의 줄거리 요약으로 거의 대부분의 글을 채운 것입니다. 허준이 어떤 사람이고, 무엇을 했으며 어떤 고난과 역경을 거쳤는지도 물론 중요합니다. 하지만 그것은 책을 보면 다 알 수 있는 것입니다. 굳이 책 읽은 내용을 다 요약, 정리할 필요는 없습니다.

다른 감상문도 마찬가지입니다. 음악의 내용, 그림의 설명, 영화나 연극의 스토리를 다 정리할 필요가 없는 것입니다. 줄거리는 간단히 소개하고 내가 느낀 점 몇 가지를 집중적으로 써야 좋은 독서 감상문이 될 수 있는 것입니다.

그리고 말미에 나오는 욕심이나 불평을 없애겠다는 결심은 좋습니다. 하지만 왜 중요한지 어떻게 해서 그런 결심을 했는지가 좀 더 자세하게 드러났어야 합니다. 욕심이 꼭 나쁜 것만은 아닙니다. 좋은 성적 받겠다는 욕심은 필요한 겁니다. 불평도 마찬가지입니다. 불의를 행하는 사람들에게는 불평을 말하고 고치도록 해야 합니다. 불평하지 않고 그냥 불의에 따라야 좋은 건 아닙니다. 이렇게 자신의 생각을 독자들에게 알리려면 그만치 설득력 있게 뜻을 펼칠 수 있어야 합니다.

감동적으로 재미있게 책이나 예술장르들을 읽고 감상을 했다면 일단 반은 성공한 것입니다. 그 다음은 그 재미와 감동이 어린이들의 것이 되도록 지도하는 것이 중요합니다. 그것이 감상문 지도의 핵심입니다.

11.

작은 이야깃거리
생활문

"엄마, 학교에서 글짓기 해 오래요."
"방학숙제로 생활문을 써 오래요."

자녀들이 툭하면 써가야 하는 글의 대부분은 생활문입니다. 생활문이라는 것은 특별한 장르가 없이 어린이들이 마음껏 쓸 수 있는 글입니다. 어른들의 경우에는 수필이라고 이야기합니다. 수필이라는 말 자체가 과거 중국의 홍매라는 사람이 쓴 책 『용재수필』에서 따온 말입니다. 홍매는 자기는 게을러서 책을 많이 읽지 못하였지만 생각나는 대로 붓 가는 대로 글을 쓰기 때문에 수필(隨筆)이라고 했습니다.

어린이들에게는 수필이라는 말 대신 생활문이라고 합니다. 이 생활문에는 짧으면서 개인적이고 서정적인 특징을 가지고 있는 글은 다 포함이 됩니다.

❶ 생활문이란?

자신이 느낀 점이나 활동하면서 얻은 작은 이야깃거리를 쓴 거라고 하면 좋습니다.

대개 어린이들의 문장력은 생활문에서 많이 드러납니다. 이유는 바로 백일장 같은 대회가 생활문으로 실력을 발휘토록 하기 때문입니다. 제목을 하나 주고 그 글에 대해서 느낌을 쓰는 것이 바로 기본적인 글쓰기이기 때문입니다. 아이들에게 생활문을 지도하려면 이러한 점들을 잘 감안해야 합니다.

생활문이라고 해서 결코 아무렇게나 쓰는 것은 아닙니다. 생활문을 통해서 깊은 철학적인 내용을 담는 사람도 있고 생활문을 통해서 시대를 풍자하는 문인들도 많았기 때문이다.

지구를 살리는 것은 우리 인간과 무슨 관계가 있을까?

그것은 바로 지구가 살아야 우리가 산다는 것입니다. 지구를 살릴 수 있는 힘은 우리에게 있습니다. 어떻게 지구를 살릴 수 있을까요? 우리가 실천할 수 있는 일은 아주 작은 것에서부터 시작할 수 있습니다. 가까운 거리는 자동차를 타지 않고 걸어 다니는 것은 지구의 공기를 깨끗하게 지키는 일입니다. 머리를 감을 때 샴푸를 조금만 사용하는 것은 맑은 물을 지구에게 선물하는 것이지요. 매주 하는 분리수거는 지구의 땅을 건강하게 해주는 것입니다. 또 우리는 동물의 가죽이나 털, 뼈 등으로 만든 물건을 가지고 싶어 합니다. 그러자 사냥꾼들은 총으로 코끼리를 죽여 코끼리 상아를 얻습니다. 그러니 연구자들은 코끼리가 멸종되지 않을까 걱정합니다. 우리는 사냥꾼들에게 편지를 보내거나 말로

"우리는 동물과 함께 있고 싶습니다. 동물을 죽이지 마세요."

라고 말할 수 있습니다.

이렇게 우리가 지구를 지켜나가면 지구는 우리에게 맑은 공기와 기름진 땅과, 깨끗한 물을 줄 것입니다. 지구를 지키는 일이 조금 힘들고 귀찮다 해도, 끝까지 노력하여, 우리와 우리 아들, 딸들이 살기 좋은 지구에서 살게 해줍시다. 지구를 살릴 수 있는 희망은 우리이니 모두 모두 노력해요!

조금은 어려운 주제입니다. 환경의 소중함과 그 환경을 어떻게 지키고 가꿀 것인가를 생각해볼 수 있는 내용이지요.

우리가 조금이라도 편하게 산다는 것은 자원을 더 많이 쓴다는 뜻입니다. 한정된 자원을 써서 없앤다면 그건 결국 우리들의 삶이 더욱 불행해진다는 뜻이기에 환경보호의 중요성이 많은 사람들에게서 공감을 얻는 것입니다.

아주 구체적으로 지구를 지키고 보호할 수 있는 방법들을 예로 들면서 자신의 주장을 폈습니다. 우리 모두가 지구를 살릴 수 있으니 생활 속에서 주의하며 노력하자는 것입니다. 3학년답지 않게 아주 성숙한 주장입니다.

❷ 생활문의 특성

생활문을 쓰려면 다음과 같은 특성을 알아야 합니다.

① 소재는 가까운 곳에서
특별한 이야기나 아주 신기한 이야기가 생활문의 소재는 아닙니다. 감동을 받았거나 깊은 인상을 느꼈으면 생활문이 시작됩니다. 예를 들어 엄마를 도와 부엌일을 하다 컵을 깨서 손에 피가 났을 때의 그 느낌 같은 것도 얼마든지 생활문의 소재입니다.

엄마 심부름으로 컵을 가져가다 그만 깨고 말았다. 멍멍이가 쫓아오는 걸 신경쓰다 그런 거다.
깨진 컵을 집다 손이 찔려 피까지 났다.
"아이고 움직이지 마!"
엄마는 소리치더니 다음부터 조심하라고 손에 약을 발라 주셨다. 야단치지 않아서 고마웠다. 눈치를 보니까 엄마가 말했다.
"다음엔 더 조심해."
엄마는 컵보다 내가 더 중요한 것 같다. 다행이다.

아주 사소하고 늘 있을 수 있는 일이지만 이 사건을 계기로 조심해야 되겠다거나 엄마를 돕는 일도 안전하게 해야 되겠다는 결론을 얻

게 된다면 생활문을 잘 쓸 수 있습니다.

느낌을 자세히 적고 왜 그런 느낌을 가졌는지를 밝히기만 한다면 어린이들이 성장하는데 큰 도움이 되는 글이 생활문이 됩니다.

② 자연스럽게 씁니다

생활문은 형식이 있지 않습니다. 보고 느낀 것을 친구나 엄마 아빠에게 이야기하듯 쓰면 되기 때문입니다. 당연히 읽는 사람들도 그래서 큰 부담이 없고 편안합니다. 앞에서 언급했던 대화와 묘사와 설명 등이 자연스럽게 들어갑니다. 직접 인용과 간접 인용을 잘 섞도록 해야 합니다.

③ 느낌이 있어야 합니다

어떤 사실을 전달하는 것도 좋고 진실을 알리는 것도 중요하지만 글은 그 글 쓴 사람의 느낌이 가장 중요합니다. 같은 일을 보고도 어떤 것을 느꼈는지 무엇을 알게 되었는지 등을 써 줄 때 비로소 자신만의 개성이 나타나기 때문입니다. 보고, 듣고, 느끼는 것들을 글로 독자들에게 전달해야 좋은 생활문입니다.

④ 정돈된 느낌을 써야 합니다

예를 들어 예쁜 꽃이 쓰레기통에 버려진 걸 보고 꽃이 예쁘다, 왜 버렸을까, 슬프다, 아깝다 주워서 가지고 갈까, 지저분할 것 같다, 집에 꽂으면 좋을 텐데 냄새가 나면 어쩌지 등등의 다양한 느낌들이 나오지만 그 많은 중에 한두 개의 느낌으로 정리를 해야 합니다. 버려진 꽃의 슬픔이라든가, 다시 주워서 깨끗이 씻어 꽂아주니 꽃이 웃었다든가 하는 식입니다. 중구난방으로 자신의 느낌을 나열한다고 좋은 글이 되는 것은 아닙니다.

⑤ 구체적이고 자세해야 합니다

느낌을 전달하는 것은 정말 어렵습니다. 말로 그 느낌을 생생하게 전달하기가 어렵기에 구체적이어야 합니다.

엄마가 선물로 예쁜 인형을 주셨다.
꼭 갖고 싶은 거였다.
하루 종일 안고 다니고 친구에게도 자랑했다.

예쁜 인형을 받았다라고 얘기할 것이 아니라 머리 색깔은 무엇이며, 눈동자는 어떻게 생겼고, 크기는 어떠며 무엇으로 만들어졌는지 등을 자세히 설명해 주어야 그 느낌이 살고 구체적인 생활문이 될 수 있습니다.

⑥ 거짓이 없어야 합니다

어린이들은 성장 과정에 있기 때문에 실수를 하거나 잘못을 저지릅니다. 거짓말도 합니다. 이러한 것들을 글로 쓰면서 성장을 합니다. 솔직하게 털어놓고 반성하고 용기 있게 다시는 그러지 않겠습니다. 밝히는 것에서 감동이 옵니다.

엄마 지갑에서 돈을 몰래 꺼냈다. 가슴이 콩닥콩닥 뛰었다.
방문 열고 이제라도 엄마가 들어올 것 같았다.
갑자기 내가 감옥에 가는 상상을 하게 되었다.
무서웠다. 다시 돈을 엄마 지갑에 넣었다.
이제 절대로 못된 일 해서 가슴 뛰게 하지 말아야겠다.

❷ 생활문은 어떻게 표현하나요?

생활문은 말 그대로 자유롭게 쓰는 것입니다. 그렇기 때문에 표현에 제한은 없습니다. 그야말로 내가 쓰는 게 나의 길입니다. 새로운 방식입니다.
하지만 기본적인 표현법들은 익혀 두는 것이 좋습니다.

① 서술
한마디로 나의 감정이나 느낌, 또는 생각을 설명하는 것이지요.

우리 엄마는 키가 165에 파마머리를 한 얼굴이 하얀 여인입니다.

이것은 설명을 해 준 것입니다. 설명은 가장 간단하며 정확합니다. 더도 아니고 덜도 아닙니다. 자세하게 할수록 구체적이 됩니다.
하지만 별다른 감흥이 없습니다. 객관적이기 때문입니다.

② 대화

등장인물이나 실제 있었던 사건에서 주고받은 대화를 그대로 그려내는 것입니다. 소설이나 드라마에서도 많이 쓰는 방식입니다.

"오는 길에 돌멩이를 차서 넘어졌어요."
"어머, 많이 아팠구나."

이런 식으로 직접 대화를 그대로 옮깁니다. 이렇게 하면 독자들은 현장에 같이 있는 것과 같이 느껴집니다.

③ 인용

생활문은 또 인용을 많이 사용합니다. 생활하다 보면 좋은 글귀나 옮겨 적을 만한 훌륭한 말들을 쉽게 발견합니다. 예를 들면 다음과 같습니다.

우리 학교의 교훈은 이거다.
"언젠가 할 일이면 지금 당장, 누군가 할 일이면 내가 먼저."
이 교훈을 보고 있으면 부지런해지는 느낌이다.

이렇게 직접 내용을 따다 옮기는 것이 인용입니다

④ 의성어·의태어

생활 속에는 각종 소리가 가득합니다. 자동차 소리, 행상소리, 텔레

비전 소리 등등.

   이런 소리를 흉내 내서 쓰는 것이 의성어이고 어떤 모습을 그려내는 것이 의태어입니다. 어린이들이 쓴 글에 이런 의성어와 의태어가 잘 쓰이고 있다면 좋은 글이라 할 수 있습니다.

'붕~.'
요란한 소리를 내고 아빠가 탄 차는 사라졌습니다.

이 문장에서는 '붕~'이라는 소리가 자동차 소리를 흉내 낸 것입니다.

고양이가 살금살금 먹이를 향해 다가갔습니다.

'살금살금'은 소리가 아니라 행동을 말합니다. 의태어이지요. 이런 재미있는 의성어 의태어를 잘 찾아내서 생활문에서 활용하도록 지도하는 것이 좋습니다.

⑤ 묘사

   묘사는 글을 통해 사물을 설명하지 않고 그려내어 표현하는 것입니다. 눈앞에 생생하게 있는 것처럼 써내는 것인데 어린이들에게는 쉽지 않습니다. 예를 들면 다음과 같습니다.

엄마가 해 준 떡볶이는 아주 매운 청양고추 100개를 믹서에 윙윙 갈아서 쏟아 놓은 것처럼 매웠다. 그걸 하나 들어 입에 넣자마자 혀에 불이 붙는 느낌이었다.

눈물이 찔끔. 땀은 좍좍, 머리는 쭈뼛!

얼마나 떡볶이가 매운지를 생생하게 묘사해 주고 있습니다. 그러면 독자들은 이 묘사를 통해 느낌을 전달받게 됩니다.

12.
사람을 바꿀 수 있는 놀라운 힘
편지

옛날만 해도 우체부가 다니면서 편지를 많이 전달했습니다. 물론 주로 손글씨로 쓴 편지이지요. 하지만 요즘은 거의 손글씨 편지를 쓰는 사람은 없습니다. 그렇더라도 어린이들에게 편지쓰기를 유도하는 것은 대단히 유용한 교육수단입니다. 왜냐하면 편지 안에는 용건이 담겨 있으면서 사람과 사람의 관계와 예의범절을 함께 교육시킬 수 있기 때문입니다.

물론 요즘은 이메일이나 문자 메시지가 주가 되었지만 교육을 위해서 편지쓰기를 지도하는 것은 분명히 의미가 있습니다.

그렇다면 편지는 과연 어떻게 지도해야 우리 아이가 예의 바른 편지 쓰는 사람이 될까요?

❶ 편지란 무엇일까요?

편지는 한마디로 개인 대 개인이 주고받는 글입니다. 이 책에 있는 다른 글들은 여러 사람이 읽도록 쓴 것이지만 편지는 한 사람이 사람에게 보낸다는 특성이 있습니다. 남의 편지를 몰래 읽어 본다거나 이러한 행동은 문제가 될 수 있는 것입니다. 그만치 개인적이고 그 편지를 보내 중요한 이야기들이 오고가기 때문입니다. 그렇기에 당연히 형식을 갖추어야 합니다.

우리가 잘 알고 있는 기독교의 바울 역시도 기독교를 퍼뜨릴 때 편지를 써서 전파했습니다. 감옥에 갇혀 있어도 그는 편지를 보내서 자신의 신도들에게 격려하는 용기를 주었습니다. 양피지에 편지를 써서 로마의 감옥에서 바깥으로 내보냈던 것입니다. 편지는 이렇게 사람을 바꿀 수 있는 놀라운 힘을 가지고 있습니다. 그의 편지는 신약성서에 실려 있을 정도입니다.

편지를 쓰면 좋은 점은 무엇일까요? 누군가 정성껏 쓴 편지 받는 걸 싫어하는 사람은 아무도 없습니다. 그렇다면 누군가에게 기쁨을 주는 행위가 바로 편지 쓰는 것입니다. 진정한 감동은 손글씨로 편지를 썼을 때 오는 것이지요. 다음과 같은 장점이 있습니다.

① 예절

편지를 많이 쓰면 예절을 가다듬을 수 있게 됩니다. 할아버지 할머니는 물론이고, 일가친척이나 친지나 선생님과 친구들 사이에서도 편지를 통해 하고 싶은 말을 전달할 수 있습니다. 당연히 예의를 갖추게 되지요.

② 인격

편지를 쓸 때는 하고 싶은 말을 잘 정리하게 됩니다. 뿐만 아니라 화해의 편지라든가 사과의 편지를 보낼 땐 자신을 반성하거나 돌이켜보게 됩니다. 어린이들이 성장하고 인격을 갖추는데 편지만큼 좋은 글은 없습니다.

③ 문장력

편지야말로 실생활에서 익힐 수 있는 최고의 글쓰기 선생님입니다. 자신이 하려는 말을 오해하지 않도록 자신의 뜻을 잘 전달하도록 고심을 해야 합니다. 문장력이 길러질 수밖에 없습니다. 여러 번 신경 써서 집중해 글을 쓰는 것은 편지가 최고이기 때문입니다.

④ 설득력

용건은 무엇일까요? 나의 생각을 전달하는 것이고, 상대방이 그것에 의해 납득을 하여 행동하게 만드는 것입니다. 고개를 끄덕일 만한 설득력이 없으면 편지를 쓸 필요가 없습니다. 편지를 자주 쓰다보면 설득력이 늘어나게 되며 내 생각을 남에게 잘 전달할 수 있습니다.

❷ 편지의 종류

편지의 종류도 다양합니다.

① 축하편지

생일이나 결혼이나 입학이나 졸업 등등의 좋은 일을 주변 사람이 느꼈을 때 축하의 뜻을 담아 편지를 보냅니다. 당연히 진심으로 기뻐하는 마음을 담을 수밖에 없습니다.

② 안부 편지

오랫동안 소식이 끊긴 사람에게 탈없이 잘 있는지를 물어보는 것입니다. 물론 자신의 안부도 잘 적어서 보내면서 서로의 관계를 돈독하게 하는 효과가 있습니다.

③ 초대 편지

자신의 행사나 일이 있을 때 주위 사람들을 편지로 초대합니다. 청첩장 같은 것도 크게 보면 편지에 속합니다. 가까운 사람과 즐기기 위해 초대 편지를 씁니다. 어린이들의 경우는 생일잔치 초대 편지를 쓰면 좋겠지요.

④ 위문 편지

국군장병이나 수고하는 사람에게 보내주는 편지가 위문편지입니다. 그대로 수고를 위로하고 정리하는 편지입니다. 뿐만 아니라 수재를 당한 이재민이나 환자, 혹은 부상자 등에게도 얼마든지 위로의 편지를 쓸 수 있습니다.

⑤ 사과의 편지

아이들은 자주 다툽니다. 직접 만나 화해하는 것도 좋지만 내성적인 성격을 가진 아이들은 친구 당사자에게 사과하거나 손을 내미는 걸 어려워 할 수 있습니다. 그럴 때 할 수 있는 것이 편지를 쓰는 것입니다. 편지를 통해 하고 싶은 말을 전달하면 오해도 없게 되고 우정이나 사랑도 생겨납니다.

그 밖의 편지는 격려를 하는 편지라든가, 물건을 파는 편지 혹은 광고성 편지가 있습니다. 모두 진심을 가지고 쓰는 것이 중요하지요.

❸ 편지의 형식

편지 역시도 크게 형식에 구애받지는 않습니다. 하지만 너무 딱딱하게 형식을 지킬 필요는 없지만 최소한의 예의와 형식을 지켜 주는 것이 좋습니다. 받아 보는 사람이 예의 바른 사람임을 느끼게 해 주기 때문입니다.

① 호칭

편지를 시작할 때는 먼저 상대방을 불러야 합니다. 아무개야 하고 부르고 난 다음에는 계절 인사를 하는 것이 좋습니다.

> 할머니!
> 오랜 추위로 건강하세요?
> 눈이 많이 왔는데 다니는데 불편하면 없으세요?

이 정도로 물어봐 주면 좋습니다. 그러면서 받는 사람의 안부를 묻습니다.

식사는 잘 하고 계시나요? 많이 아프신가요?

그리고는 보내는 사람의 안부도 전해 주는 것이 좋습니다.

우리 식구들도 잘 있습니다. 엄마, 아빠 모두 행복하게 지냅니다. 저도 공부 열심히 합니다.

② 용건

인사가 끝나면 본격적인 내용이 들어가야 하겠지요. 이 내용을 쓰기 위해 편지를 쓰는 겁니다. 정확하게 육하원칙에 맞춰서 써야 합니다.

이제 곧 여름방학이 옵니다. 방학이 되면 할머니 댁에 놀러 갈게요.

할머니 드리려고 제가 효자손을 하나 만들었어요. 이 효자손으로 제가 없더라도 등을 긁으면서 제 생각을 해 주세요.

이번 방학에는 할머니 댁에 갈 때 캠핑용품을 가지고 가서 마당에서 캠핑을 해볼 거예요. 할머니 꼭 만나요.

이렇게 자신의 생각이나 하고 싶은 것들을 잘 정리해서 보내면 용건은 완료가 됩니다. 용건이 끝났다고 바로 편지를 끝낼 수는 없습니다. 그 부분을 정리합니다.

③ 인사

그러면 방학이 오면 다시 연락드릴게요. 안녕히 계세요.

끝 인사를 마친 뒤 날짜와 보내는 사람의 이름을 적습니다.
이렇게 하면 편지의 내용은 모두 완성이 됩니다. 하지만 쓰고 나서 덧붙일 말이 있으면 밑에다 쓰면 됩니다.

④ 추신

참, 백구는 잘 있나요? 개들이 먹을 만한 맛있는 간식 사 가지고 갈게요.

이렇게 편지 형식을 지켜서 보내면 아무 문제가 없게 됩니다.

❹ 좋은 편지는 어떤 편지일까요?

좋은 편지를 쓰는 법은 중요합니다. 기본적으로 좋은 편지를 쓰려면 글쓰기 능력 있어야겠지요. 하지만 고도의 문장력을 원하지는 않습니다. 조금만 지도해 주면 아이들은 감동적인 편지를 쓸 수 있습니다.

① 읽는 사람을 위해 씁니다

가장 중요한 원칙은 첫 번째 읽는 사람을 위해 씁니다. 편지는 대표적인 읽는 사람을 위한 문장입니다. 내가 쓰고 싶은 걸 마음대로 쓰는 것이 아니라 읽는 사람을 위해서 쓰는 것이 편지입니다. 선생님이 받아 볼 수도 있고 할머니 할아버지, 혹은 엄마, 아빠 친구 동생일 수 있습니다. 그 받아 보는 사람의 수준과 관심사, 그들이 원하는 것에 맞춰 쓸 수 있는 능력이 있어야 됩니다. 상대방에 따라 내용과 형식을 맞춰 쓰도록 지도해야 합니다.

② 내용과 용건을 분명히 합니다

앞에서도 말했듯이 편지는 목적이 분명한 글이지요. 그렇기 때문에 자녀를 지도하는 데 쓸데없는 이야기나 없어도 되는 이야기를 쓰지 않도록 기도합니다. 편지의 목적을 살려줘야 하기 때문입니다. 그리고 그 편지로 인해 상대방이 더욱 행복해지고 기뻐해 줄 수 있도록 염두하고 써야 합니다.

③ 예절을 갖추어야 합니다

그리고 그 사람의 인격입니다. 우리 아이가 인격이 있고 바르게 큰 아이라는 것을 증명하는 방법은 예의 바른 편지를 써서 누군가에게 보낼 때 입증이 됩니다. 편지 속에는 교양과 지식과 실력이 다 드러납니다. 그렇기에 품위 있게 쓰는 방법을 알려 줘야 하며, 문장과 어법에 맞게 지도해야 합니다.

④ 진정성이 있어야 합니다

아무리 상대방에게 맞춰 쓰는 것이라지만 편지 안에 진실이 없으면 곤란합니다. 마음에도 없는 아첨을 하거나 중상모략이 담긴 편지를 써서는 되지 않습니다. 진실하게 정성껏 쓰는 것이 중요합니다. 그렇게 했을 때 상대방에게도 감동이 주고 좋은 관계를 유지할 수 있습니다. 자녀에게 진정성 없는 편지를 쓰도록 지도할 수는 없습니다.

13.

글 쓰기의 완성

주장글

"**엄**마 학교에서 주장글 써 오래."

갑자기 어린이들이 이런 말을 하면 엄마들은 당황합니다.

하지만 걱정할 필요는 없습니다. 주장글이란 간단히 말해서 자신의 생각이나 의견을 널리 알리는 글입니다. 어머니들 시대엔 논설문이라고 했습니다.

예를 들자면 우리 학교 아이들이 어떤 학생을 왕따 시키고 괴롭히는 것을 막고 싶을 때 나의 생각을 글로써 표현한 것이 바로 주장글인 것입니다. 왕따가 나쁜 이유를 밝히면서 왕따 없는 학교의 좋은 점 등을 설득력 있게 글로 쓰면 한편의 주장글이 됩니다. 그러한 주장글을 읽은 친구들이 더 이상 친구를 따돌리지 않고 친하게 지낼 수 있다면 주장글은 성공한 것입니다.

그렇기 때문에 주장글을 쓰는 목적은 자신의 주장을 조리 있게 설명하여 그 글을 읽는 사람들이 이해하고 설득할 수 있도록 하는 것입니다. 그런 능력은 곧 그 글쓴이의 지적 능력을 검증하게 하는 좋은 기준입니다. 대학에서 논술고사를 보는 이유도 바로 그것입니다. 대학이 원하는 학생, 인재는 바로 그가 쓴 주장글을 읽어 보면 알아볼 수 있기 때문입니다.

설득력 있는 주장글이 되려면 논리적 근거가 있어야 합니다. 왕따를 시켜서는 안 되는 이유로 '누구나 약점은 있는 법이고 그러한 약점을 이용해 사람을 괴롭히는 것은 비겁한 행동이다'라고 이유를 밝힌다면 그것이 근거가 됩니다. 근거가 타당한 것이라면 그 글을 읽는 독자들은 설득되어서 그 주장대로 행동하려 노력할 것입니다.

이 책에서는 주장글을 가장 심도 있게 다룰 생각입니다. 학생 글쓰기의 완성은 바로 주장글에서 이루어지기 때문입니다. 어머니들이 이해하기 쉽도록 많은 사례를 들고 직접 제가 첨삭하여 이를 따라서 자녀들을 지도할 수 있도록 구성했습니다.

❶ 주장글의 특징

① 주장이 분명합니다

자신의 생각을 남에게 설득하고 이해시키는 것이 주장글의 목적입니다. 그러려면 자신의 주장이 무엇인지 분명히 드러나야 합니다. 선명하고 분명한 주장만이 독자들 마음을 움직이게 할 수 있기 때문입니다.

② 증명합니다

독자들에게 무턱대고 주장만 한다고 주장글이 성공하는 것은 아닙니다. 설득력이 있어야 합니다. 자신의 주장이 왜 타당한지를 논리적으로 증명해내야 합니다. 다시 말해 주장의 이유를 밝혀야 하는 것입니다.

③ 신념이 있습니다
자신이 믿지 못하는 걸 남에게 강요할 수 없습니다. 주장에 힘을 실어서 자신의 논리를 강력하게 나타내야 합니다. 그럴 때 독자들은 감동을 받고 행동을 하게 됩니다. 자신에게 믿음이 없는 주장을 남에게 강요할 수는 없는 법입니다.

④ 서론, 본론, 결론
주장글의 형식은 대개 논문의 형식이 그런 것처럼 서론과 본론과 결론으로 나뉩니다. 서론에서는 자신이 주장하고자 하는 내용을 소개합니다. 그런 뒤 본론에서 충분히 주장을 펼친 뒤, 결론에서 그 주장을 마무리하게 됩니다.

❷ 주장글의 주제

주제라는 것은 글을 통해서 글쓴이가 내세우고자 하는 생각입니다. 다른 글도 마찬가지이지만 주장글에서는 이 주제가 굉장히 중요합니다. 어떤 주제이냐를 자세히 봐야 합니다. 옳은 주장인지 그른 주장인지도 판단 기준입니다. 주제가 뚜렷할수록 독자의 마음을 움직이고 그들을 행동하게 만들기 때문입니다.

하지만 그러한 주장이 꼭 거창하거나 어려운 것만은 아닙니다. 예를 들면 '일회용기를 쓰지 말자'라든가, '길거리에 휴지 버리지 말자'는 것도 훌륭한 주제가 될 수 있습니다.

쉽다고 가벼운 주제는 결코 아닙니다. 우리가 꼭 실천해야 할 주제들이 주장글의 좋은 주제입니다. '기후협약에 온 나라가 동참하자'와 같은 주제는 초등학생이 쓸 수 있는 주제는 아니기 때문에 피해야 합니다.

❸ 표현 방법

① 인용

유명한 구절이나 명언, 격언, 속담이나 전문가의 이야기를 끌어들여 자신의 주장에 힘을 더할 때 사용하는 방법입니다.

- '이 세상에 공짜는 없다'는 말이 있다. 노력하는 과정은 힘들지만 그 노력의 결과는 보람차다는 뜻이다.

② 예증

적당한 보기를 들어주면서 나의 주장이 옳다는 걸 논리적으로 증명하는 방법입니다. 알맞은 예시를 적절히 골라 쓰는 것이 중요합니다.

- 지구환경을 위해 나무로 된 칫솔만 쓰는 친구가 있었습니다.

③ 논증

이치를 따져서 자기의 주장이 옳다는 것을 치밀하게 알리는 것입니다.

- 갑질을 하는 것은 약자를 짓밟는 행위입니다. 약자일수록 보호하

고 다독여 줘야 할 의무가 강자에게 있습니다.

④ 비유

비슷한 다른 사물을 끌어들여 표현하는 방법입니다. 주장을 대놓고 강요하는 게 아니라 은근히 드러내는 방법입니다.

- 이 사건은 마치 어린이를 물가에 두고 사라진 부모가 나중에 아이가 물에 빠진 뒤 달려와 자기는 책임이 없다고 주장하는 것과 같습니다.

❹ 참신한 의견을 논리적으로

주장글을 본격적으로 살피기 전에 글이 무엇인가 하는 원론적 질문을 해봅니다. 대부분의 어머니들에게 글은 학교 숙제이거나, 강제적, 의무적으로 쓰는 것이라 여겨질 것입니다. 하지만 그런 글은 글을 왜곡되게 이용한 결과 생긴 잘못된 느낌의 글입니다.

진정한 글은 바로 나만의 생각, 나만의 주장, 나만의 느낌이 들어가야 합니다. 한 마디로 서툴고 부족해도 이 세상이 생긴 이래 처음 듣는 이야기를 쓴 게 글이어야 한다는 것입니다. 어떤 주제나 소재가 글감으로 주어져도 남과 비슷하게 쓰면 좀 아쉽습니다. 나만의 목소리가 드러나야 합니다. 이걸 흔히 창의성이라고들 합니다.

학생들이 쓴 글을 한번 보겠습니다. 제가 준 논제는 '용돈 관리를 어떻게 하나?'입니다.

통장 만들어 필요할 때 쓰자

　용돈이란 엄마 아빠가 요긴한 데 쓰라고 주시는 돈이다. 우리가 준비물을 살 때나 필요한 물건을 살 때 혹은 친구들과 함께 맛있는 음식을 사 먹을 때 바람직하게 용돈을 쓴다면 부모님께서 주시는 용돈을 훨씬 지혜롭게 쓸 수 있다.(중략) 그러므로 용돈은 우리에게 꼭 필요한 것이다. 그렇다면 이 중요한 용돈을 지혜롭게 관리하는 방법에는 무엇이 있을까?
　첫째, 용돈기입장을 만들어서 산 것을 기록한다. 만약 용돈으로 내가 산 것을 기록하지 않는다면 돈을 쓸데없이 낭비하게 되고, 그러면 용돈의 의미가 없어지게 된다.
　둘째, 통장을 만들어서 꼭 필요할 때만 찾아 쓴다. 용돈이 내 주머니에 있으면 귀하다는 생각을 못하고 마구 쓰게 된다. 그러면 한 달도 못 가서 용돈을 다 써 버리는 경우가 생긴다.
　셋째, 쓸데없는 물건을 되도록이면 사지 않는다. 쓸데없는 물건을 사게 되면 꼭 필요한 물건을 살 수 없다. 그러면 또 부모님께 용돈을 타야 하므로 부모님께 경제적인 어려움을 끼칠 수밖에 없는 것이다. 그리고 낭비하는 습관이 생겨서 좋지 않다. 우리는 용돈이 없으면 안 된다. 그러므로 용돈을 아껴 써야 한다. 위와 같은 방법으로 우리가 부모님께 받는 귀한 용돈을 지혜롭게 관리하는 방법을 꼭 익히도록 하자.

용돈 기록장 꾸준히 기록하자

나는 어머니께 매월 25일에 용돈을 2000원씩 받는다.

준비물이나 간식은 모두 어머니께서 사주시기 때문에 용돈을 다른 아이들에 비해 조금 받는 편이지만 그래도 나에게는 무척 소중한 보물이다.

요즘은 어머니께 용돈을 받으면 어디에 써야 할지 습관적으로 생각해 보게 된다.(중략)

또 생각해 보지 않고 용돈을 쓰면 씀씀이가 많아지기 때문이다. 그러면 용돈을 지혜롭게 관리하는 방법으로는 어떤 것이 있을까?

첫째, 용돈기록장에 꾸준히 기록한다.

용돈기록장에 꾸준히 용돈의 수입과 지출, 예산과 결산 등의 모든 것을 기록하면 군것질을 얼마나 했는가?, 저금은 얼마나 했는가? 등을 알 수 있고 반성도 함으로써 씀씀이를 줄여 알뜰해지기 때문이다.

둘째, 씀씀이를 줄이고 저축하는 습관을 기른다.

헤픈 씀씀이는 우리에게 도움이 되지 못할 뿐만 아니라 피해를 줄 수도 있다.

하지만 저축은 좋은 습관이 될 수 있다. 지금처럼 힘든 코로나시대에 저축을 한다면 이자가 늘어나 나 자신도 이롭지만 우리나라 경제에도 많은 이로움을 줄 수 있다.

저축한 돈을 우리나라 기업들이 빌리게 되면 기업들이 부도날 일이 없기 때문이다.

용돈은 적은 액수의 돈이지만 어느 누구에게도 소중하다.

그러므로 용돈을 지혜롭게 관리해서 알뜰한 어린이가 되어야 한다.

어머니들이 먼저 두 편의 글을 읽고 나면 느끼는 점이 무엇일까요? 그것은 아마 두 편의 글이 거의 비슷하다는 점일 것입니다.

앞의 글은 용돈의 소중함을 자신의 예를 들면서 주장을 펼쳤습니다. 그런 태도는 독자들에게 흥미를 불러일으킬 수 있는 좋은 것입니다.

그리고 나서 용돈을 지혜롭게 관리하는 방법으로 용돈기입장을 쓰고 저축하는 습관을 기르자고 했습니다. 용돈의 뜻을 잘 설명한 후 그 용돈을 지혜롭게 관리하는 방법으로 용돈기입장을 만들고 두 번째로 통장을 만들어 필요할 때만 돈을 쓰자고 했습니다. 이러한 생각은 지극히 당연한 것입니다. 누구도 그릇된 주장이라고 하지 않습니다.

그럼에도 불구하고, 이 주장글들은 아주 잘된 글이라고 하기에는 곤란한 이유가 있습니다. 바로 남들과 다른 독창적인 내용이 없다는 것입니다. 내가 쉽게 생각할 수 있는 주장은 남들도 똑같이 생각할 수 있는 것입니다.

잘된 주장글은 어느 누구도 생각 못했던 새로운 느낌, 참신한 의견을 논리적으로 독자들에게 보여주는 것입니다. 어머니들도 이런 점에 집중해서 아이들의 글을 보아 주셔야 합니다.

예를 들어 용돈이 소중하고 부족하면 우리 스스로 벌어서 쓸 수 있는 방법을 찾아보자든가, 옛날 가난했던 시절의 어른들은 용돈 한 푼 없이도 살았기에 우리들에게도 사실 용돈이라는 건 필요 없다든지,

적은 돈이나마 남을 돕는 데 쓰는 용돈이 정말 보람 있다든지 하는 새로운 주장글이었다면 좋을 것입니다.

주장글은 비록 결론이 틀릴지라도 자신의 주장을 얼마나 잘 논리적으로 드러내는가를 보는 글이랍니다.

❺ 좋은 예를 잘 들도록 만들자

잘 쓴 아동들의 글과 글쓰기를 학원이나 강사에게 겉돌게 지도 받은 아동의 차이는 바로 예를 드는 것에서 구분됩니다. 예라는 것은 에피소드를 소개하는 것일 수도 있고, 가정을 하거나 상상하는 것이기도 합니다. 이런 예를 드는 것은 아동이 많은 경험을 하거나 평소 생활에서 주변에 관심을 가지고 관찰하고 메모하는 습관을 가졌을 때 유리합니다.

아래의 글을 보면 그 사실을 느낄 수 있습니다.

지나친 친절은

요즘 신문이나 뉴스에서 장애인들에 관한 이야기가 많이 나온다. 하지만 장애를 겪어본 사람은 잘 알겠지만 장애인을 동정심으로 도와주면 오히려 그들의 기분을 나쁘게 한다.

장애인에 대한 예절이 있기 때문에 그것을 지키지 않는다면 기분이

상하기 마련이다. 그래서 장애인에게는 어떻게 대하는 게 좋은 것인지, 장애인과 더불어 사는 사회를 만들기 위해 지켜야 할 예절을 알아보려고 한다.

　첫째로 장애인을 도울 때는 그가 무엇을 원하는지 잘 알고 행동하는 것이 좋다. 지나친 친절이나 보호는 장애인에게 불쾌감이나 자존심을 상하게 하는 행동이니 그들이 원하는 것을 해 주고 나머지는 스스로 하도록 하는 것이 좋다고 생각한다.

　만약 다리가 다친 사람이 걸을 수 있고 걸어야 하는데 옆에 있는 사람이 계속 부축해 주거나, 거절하는데도 차를 태워주고 한다면 그 장애인은 그런 대우에 불쾌감을 나타내거나 편한 것에 익숙해져 걷는 연습을 제대로 안할 것이다.

　둘째로 장애인을 만났을 때 주춤하거나 유심히 바라보지 말자. 그때 장애인이 느끼는 심정은 매우 참담하다. 나는 1학년 때 팔을 다쳐 깁스를 하고 다녔었다. 그래서 다른 사람들이 나를 볼 때면 참 창피했다. 나는 짧은 기간이지만 장애인들은 평생일 수도 있기 때문에 유심히 바라보거나 손가락질하는 것은 기분 좋은 일은 아닐 것이다.

　셋째, 자기만족의 기분으로 동정이나 자선을 베풀지 말자. 장애인들은 자신이 할 수 있다는 것을 보여주고 싶어 한다. 장애인들은 평등한 사람이며 같은 세상에 살고 싶어 한다. 그래서 그 사람들을 낮게 취급하고 동정심을 베푸는 것은 삼가야 한다고 생각한다. '오체불만족' 이라는 책은 우리에게 많은 교훈을 준다.

　넷째, 장애인을 대할 때 지켜야 할 예절을 익혀 실례가 되지 않도록 해야 한다.

예를 들어 청각 장애인과 이야기할 때는 입모양을 정확히 해야 하고, 아니면 글로 표현한다. 또 시각장애인과 이야기할 때는 애매한 말은 피해야 한다.

위에서 말한 것같이 장애인과 더불어 사는 사회를 만들려면 장애인에 대한 예절을 바르게 알고 실천해야 한다. 장애인이 원하는 것을 주고, 장애인을 자연스럽게 대하고, 동정이나 자선이 아닌 친절을 베풀어야겠다고 생각한다.

김○○

이 글을 보면 먼저 장애인에 대한 애정과 관심이 이처럼 많다는 데에 놀라움을 금할 수 없습니다. 많은 어린이들이 장애인을 편견 없이 보려 하고 사랑을 나눠주려 해서 다가올 세상은 분명 장애인과 더불어 사는 세상이 될 거라고 생각합니다.

위 글은 초등학교 4학년 학생의 글이라 믿어지지 않을 정도로 훌륭합니다. 이 글이 훌륭한 이유는 무엇보다도 장애인에 대한 예절을 미리 잘 알고 있었고, 그 알고 있는 내용을 진지하게 썼기 때문일 것입니다. 그리고 예를 들거나 자신의 체험을 자연스럽게 녹여 넣었다는 점이 훌륭합니다. 막연히 장애인에 대한 피상적 서술이나 묘사만 늘어지면 그 글은 독자를 감동시킬 수 없는 글입니다. 이 학생의 이런 관심과 경험들이 있었기에 이런 좋은 글이 나온 것입니다.

먼저 글을 장애인에게 동정심으로 도와주면 기분이 나빠진다고 시작했습니다. 그러면서 장애인을 대하는 예절이 있다고 했습니다. 자연스럽고 흥미로운 글의 시작입니다. 장애인이 원하는 도움을 줘야 한다는 것은 매우 중요한 사실입니다. 이 사실을 잘 알고 장애인을 대하라고 했습니다. 누구나 읽으면 고개가 끄덕여집니다. 그만치 논리적이고 설득력 있는 주장이기 때문입니다.

그러나 거절하는 장애인에게 계속 억지로 도와주겠다는 사람은 없습니다. 자신의 주장을 정당화하기 위해 약간은 무리한 예를 든 것 같습니다. 또한 장애인을 유심히 바라보거나 손가락질 하지 말자고 한 것도 좋은 주장입니다. 그렇지만 너무 억지로 안 바라보려 할 필요는 없습니다. 자연스러운 게 가장 좋은 것이니까요.

『오체불만족』이라는 책이 우리에게 많은 교훈을 준다고 했는데 어떤 교훈을 줬는지 구체적으로 드러났으면 좋았겠습니다.

또한 장애인을 대하는 섬세한 주의점을 예로 든 것도 아주 좋습니다. 무난하게 글을 시작했기 때문에 결론도 아주 좋은 것으로 맺어졌습니다. 동정이나 자선이 아닌 친절로 대하자는 주장은 누구나 알고 있지만 실천하기 어려운 중요한 문제입니다.

아쉬운 점은 장애인을 대하는 예절보다는 장애인도 같은 사람으로서 대해야 하는 이유가 보다 강력하게 주장되었으면 좋았을 것 같습니다. 그랬다면 예절을 지켜야 할 필요성이 자연스럽게 드러났을 테니까요.

이처럼 주어진 문제에 대해 남보다 깊은 사전 지식을 가지고 있을 때 좋은 주장글이 나올 수 있습니다. 다양한 예를 들 수도 있습니다. 책을 읽거나 방송에서 얻은 손쉬운 예는 가급적 피하는 것이 좋습니다. 서툴러도 자신이 직접 경험하거나 보고 들은 것이 신선한 예가 됩니다. 손쉽게 얻은 에피소드나 예들은 다른 아이들도 쉽게 따라 쓸 수 있습니다. 그러니 어머니들이 자녀들 글쓰기를 지도하실 때는 생생한 보기와 체험과 경험을 수집해서 그걸 글로 잘 옮기도록 지도하시면 됩니다.

❻ 독창적 대안을 제시

어린이들에게 글을 쓰라고 하면 대개 어디선가 들은 이야기, 뻔히 알고 있는 이야기를 씁니다. 하지만 그런 글들은 남에게 전혀 감동을 줄 수 없습니다. 그 정도 이야기는 남들도 다 알기 때문입니다. 정말 처음 듣거나 새로운 이야기를 독자들은 원합니다. 그런 글들이 대회나 공모전에서 상을 받는 것도 또한 사실입니다.

한 마디로 독창적인 글이어야 하는 것입니다. 독창적이란 우주가 생긴 이래 처음 들어보는 이야기여야 합니다. 거창해보이지만 의외로 사람들의 생각이 천편일률이기 때문에 그다지 어려운 일도 아닙니다. 독창적인 자기생각을 평소에 해야 하는 이유가 바로 그것입니다.

한 학생의 글을 보겠습니다.

농촌 견학 가자

우리는 학교에서 가끔 야외학습을 간다. 교실에서만 공부하는 것보다는 자연을 몸으로 직접 체험할 수 있는 기회를 마련하기 위해서이다. 그렇다면 야외학습은 어디로 가는 것이 가장 적당할까?

학교에서는 주로 고궁이나 박물관 등으로 야외학습을 떠난다. 하지만 어린이 한 명 한 명 모두 다 다른 곳으로 가고픈 생각이 있을 것이다. 나 역시도…….

우리 어린이들이 야외학습으로 가기 좋은 곳, 도움이 되는 곳은 어디일까? 지금부터 생각해보자. 내 생각으로는 농촌에서 시골 경험을 한번쯤 해보고, 견학하고 오는 것도 참 좋을 것 같다. 요즘 도시 어린이들은 시골이나 자연에 대해서 관심조차 없으며, 자연에 대해서도 잘 모르는 어린이들이 많다. 나 역시도 그렇다.

심한 어린이들은 개나리, 진달래가 무엇인지조차 모르며 쑥과 달래 등을 구분하지 못하는 경우도 많다. 우리가 쌀가게에서 손쉽게 사서 먹을 수 있는 쌀! 하지만 이 쌀이 얼마나 많은 손을 거쳐서 얼마나 많은 땀을 통해 만들어지는지 우리 어린이들은 모른다.

농촌에서 땀 흘려 일하시는 농부 아저씨들의 힘겨움을 모르고 쌀 한 톨 한 톨을 소중히 여기지 않고, 흘리거나 버리는 아이들이 요즘 대부분이다. 학교 급식소에서도 마찬가지이다. 영양사가 지켜도 음식을 남기는가 하면, 영양사가 없을 때는 음식을 다 버리는 때가 있다. 또 한국인의 음식인 김치를 안 먹는 사람도 있다. 그래서 우리 반은 국과 김치를 안 받으면 반성문을 쓴다. 그래서 꼭 받아서 다 먹는다.

농촌을 견학하고, 땀 흘려 일해 보면 음식의 소중함을 알 수 있을 것이다. 그렇다면 어린이들이 음식을 남기다가도 야외학습을 생각하며 다시 먹을 것이다. 그럴수록 음식찌꺼기도 줄어들고 말이다. 우리는 지금까지 야외학습으로 농촌이 좋을 것이라는 점에 대해 알아보았다.

> 농촌에 계신 농부 아저씨들을 위해서라도, 농촌에 가서 일을 한번쯤 도와 드리고 음식의 소중함에 대해 알아볼 수 있는, 느낄 수 있는 '농촌 야외학습'이 많이 이루어졌으면 좋겠다.
>
> 하○○

학생들이 일 년에 한두 번은 가보는 야외학습을 어디로 가면 좋을까 하는 주제로 쓴 글입니다. 고궁이나 유적지로 가는 것과 놀이동산으로 가는 것 가운데 어떤 것이 더 좋은지에 대해 주장글을 써 보자는 제안에 많은 학생들이 글을 보내 주었습니다.

대부분의 글들이 차분하게 자신이 좋아하는 야외학습 현장의 좋은 점을 들어가며 주장을 펼쳤습니다. 여기 소개된 하양의 글은 다른 글들과는 구별되는 특성을 가지고 있습니다. 그것은 바로 독창적인 대안을 제시했다는 점입니다. 즉, 대부분의 야외학습이 놀이공원 아니면 고궁이나 유적지인데 이 글에서는 농촌으로 야외학습을 가면 어떻겠느냐는 새롭고 참신한 제안을 합니다.

이 글을 자세히 보면 먼저 야외학습 장소에 대한 생각이 학생들마다 다르다는 사실을 전제로 농촌과 시골을 경험하고 오는 것이 좋겠다고 했습니다. 그러면서 그 필요성으로 도시의 학생들이 자연에 대해 잘 알지 못할 뿐만 아니라 아주 흔한 식물의 이름조차 모른다는 사실을 들었습니다. 많은 사람들이 공감하는 설득력 있는 주장입니다.

게다가 우리가 늘 먹는 쌀을 예로 들면서 그 쌀이 만들어지기까지의 과정도 잘 모른다고 했습니다. 아울러 논지를 발전시켜 학교에서 급식을 할 때 음식을 아끼지 않는 아이들의 태도를 비판했습니다. 그러면서 대안으로 제시한 농촌 견학으로 음식의 소중함을 알게 된다는 것입니다. 독창적인 주장을 논리적으로 펼쳐 보여서 뛰어난 글이 되었습니다.

주장글은 이처럼 누구나 할 수 있는 주장보다는 나만의 새로운 생각을 글로 드러내는 것입니다. 독창성이 바로 주장글의 생명이라 할 수 있습니다.

다만 초등학생들이 과연 농촌으로 가서 힘든 농사일을 어떻게 도울 수 있는지에 대해서도 좀 더 생각을 해서 실천 가능한 활동을 보여줄 수 있었더라면 좋았겠습니다. 현실적으로 불가능한 것을 주장한다면 그 주장은 그만큼 설득력을 잃기 때문입니다.

❼ 구체적 근거를 제시

글을 쓰다보면 대개 자신의 논리에 몰입이 됩니다. 말을 할 때도 마찬가지입니다. 자기 이야기에 빠져 근거나 증거가 부족한 말을 늘어놓게 됩니다. 그러다 반론이 허를 찌르고 들어오면 당황하지요.

어린이들의 글을 보면 대개 구체적 근거가 없이 자신이 나아가려는 결론으로 성급히 달려가는 걸 많이 봅니다. 아무리 어리다고 하지만 논리에는 나이가 상관이 없습니다. 냉철하게 자신의 논리 근거를 제시하도록 지도하는 것이 무척 중요합니다.

조기교육에 대해 찬성인지 반대인지 입장을 정해 써보라는 논제에 보내온 글을 한 편 보겠습니다. 이 글은 반대하는 글입니다.

수준 맞지 않는 공부 '시간낭비'

요즘 우리나라 학부모들은 교육열이 매우 높습니다. 그래서 학교에 들어가지 않은 어린이들에게 제대로 알지 못하는 어려운 공부를 시킵니다. 그래서 저는 이해도 못하는 어린이들에게 심한 조기교육은 필요하지 않다고 생각합니다. 그 이유를 세 가지 들어 보겠습니다.

첫째, 어린 아이들에게 무턱대고 공부를 가르치면 성장에 해를 끼칩니다. 마음껏 뛰노는 것도 공부가 된다고 합니다. 이처럼 모두 자연스럽게 알게 되는 것을 억지로 가르치면 분명히 성장에 해를 끼칠 것입니다.

둘째, 미리 공부하던 내용을 가지고 학교에 가면 학교생활에 흥미를 잃을 것입니다. 미리 공부하여 다 알고 있는 내용을 그대로 반복한다면 '나 이거 다 아는데'라는 생각을 가지며 '학교는 재미없는 곳'이라고 머릿속에 생각이 박히게 됩니다. 이로 인해 학교생활에 흥미를 잃을 것입니다.

셋째, 어린이의 나이-수준에 맞지 않는 공부는 시간낭비에 불과합니다. 수준에 맞지도 않는 공부를 하면 이해도 가지 않을 것이고 오히려 시간을 낭비하게 될 것입니다. 하지만 어렸을 때는 자기 수준에 맞게 자연과 더불어 즐겁게 공부하다가 차차 커서 학교에 들어갔을 때 미술, 영어, 한자 등을 공부해야 더 큰 도움이 될 것입니다.

위의 세 가지 이유와 같이 무턱대고 공부를 가르치면 성장에 해를 끼칠 것이며 학교생활에 흥미를 잃을 수 있습니다. 또 나이와 수준에 맞는 공부를 해야 더 큰 도움이 될 것이라고 생각합니다. 이러한 이유로 저는 심한 조기교육은 어린이에게 도움이 되지 않는다고 생각합니다.

그러므로 저는 '조기교육이 어린이에게 도움 된다'라는 의견에 반대합니다.

이 글의 가장 큰 문제는 자신의 주장을 뒷받침할 근거들이 구체적이지 못하다는 것입니다. 조기교육이 학교에 들어가지 않은 아이들에게 제대로 알지 못하는 어려운 공부를 시킨다고 했는데 어떤 공부가 제대로 알지 못하는 어려운 공부인지 알 수가 없습니다. 영어라든가 수학이라든가 구체적으로 명기를 해야 합니다.

그리고 조기교육을 무조건 어렵다고만 했습니다. 하지만 실제로 조기교육 공부의 내용은 아주 쉬운 것부터 시작하고 있습니다. 물로 나중에 점점 어려운 것으로 옮겨가긴 합니다. 그렇더라도 무조건 어렵다고만 해서는 곤란할 것 같습니다. 또한 심한 조기교육이 필요하지 않다고 했습니다. 그렇다면 심하지 않은 조기교육은 괜찮은 것일까요? 또 이 심한 조기교육이라는 건 구체적으로 어떤 교육일까요? 여기에서도 마찬가지로 심하게 공부시키는 구체적인 보기가 들어가면 좋겠습니다. 자신이 어려서 받은 힘들고 스트레스 컸던 조기교육의 경험을 들어 주었다면 좋았겠지요.

그리고 조기교육이 아이들 성장에 해를 끼친다고 했는데 구체적으로 어떻게 조기교육을 하면 어떤 해를 입는지 알 수 없습니다. 키가 크지 않는다는 건지 정신적으로 충격을 받는 건지 잘 알 수가 없습니다.

이 글은 조기교육이 문제가 많다면서 가장 좋은 것은 아이들이 스스로 자연스럽게 알게 하는 것이며 자연과 더불어 즐겁게 공부하는 것이라고 주장했습니다. 그러나 아이들이 배우지 않고도 자연스럽게 영어를 하고 한글을 깨치기는 어렵습니다. 그리고 자연과 더불어 즐겁게 공부하자는 말도 참 좋은 말인데 구체적으로 어떻게 공부하는 게 자연과 함께 공부하는 것인가요? 아파트에 사는 아이들은 자연과 어떻게 함께 할까요.

어린이들이 막연하게 생각하는 주장들이 얼마나 많은 논리적 허점이 있는지 알게 되었을 겁니다. 이처럼 구체적이지 못한 내용의 주장을 많이 하기 때문입니다. 구체적인 것의 반대는 추상적인 것인데 이런 추상적인 주장은 우리가 직접 느끼기 곤란하기 때문에 논리적 설득력이 떨어져 주장글을 약하게 만든다는 사실을 명심하고 지도하시면 좋습니다.

❽ 누구나 할 법한 주장은 피합시다

늘 강조하는 것이지만 주장글을 포함한 모든 글의 생명은 독창성입니다. 독창성이란 누구도 생각하지 못했던 새로운 주장을 처음으로 내가 하는 것입니다. 뉴턴이 만유인력을 발견할 때 사과가 떨어지는 것을 보고 처음으로 모든 물체는 서로 끌어당기는 힘이 있다고 주장한 것이 바로 독창성이라고 할 수 있습니다. 방학 때 무엇을 하고 지낼 건지 주장해 보라는 글을 초등학생이 썼습니다.

취미생활 '맘껏'

　무더운 날씨와 1학기를 마치고, 2학기를 맞아 마음의 준비를 하라고 방학은 존재하는 것이다. 이런 좋은 기회를 헛되이 보내면 분명 후회할 날이 올 것이다.
　방학을 잘 활용하고 후회하지 않으려면 계획성 있는 생활을 해야 한다. 그러면 방학을 어떻게 잘 활용할 것인가에 대해 알아보자.
　첫째, 학교에서 다루지 않은 취미생활이나 하고 싶었던 일을 해본다. 그러면 더위도 잊을 수 있고 보람있게 지낼 수 있을 것이다.
　둘째, 시간에 얽매이지 않는 자유로운 생활을 하자. 가까운 유적지도 가보고 영화·연극관람도 하고 전시회나 쇼핑도 해보자. 또 내 서랍 정리도 해보고 친구들에게 편지도 쓰며 그동안 바쁜 학교생활로 미뤄 왔던 것을 해보는 시간을 갖자. 그렇게 한다면 남보다 보람차고 멋진 추억을 간직할 수 있을 것이다.
　셋째, 처지는 공부의 예습 복습을 한다. 시간을 정하여 과목별로 책도 읽고 자료도 찾으며 학습을 한다면 2학기 학교생활도 쉽게 보낼 수 있을 것이다. 그리고 한 가지 자신 있는 과목에 매달려 연구하고, 새로운 것을 알아낸다면 더없이 좋은 시간이 될 것이다.
　이것이 바로 내가 바라는 방학이다. 휴식도 취하고 그동안 못했던 것들을 해보며 방학의 참된 의미를 깨닫는 것이다.

주○○

여기 소개된 글에서 가장 아쉬운 부분은 이런 점입니다. 방학은 이 세상 수백만 명의 어린이들이 똑같이 맞이하는 즐거운 것입니다. 그러나 보람찬 방학이 무엇인지는 사람마다 다 달라야 합니다. 그리고 정말 새로운 보람을 찾아 글을 읽는 사람들에게 소개할 수 있어야 합니다.

이 글은 취미생활을 해보고 다양한 유적지나 전시회를 구경하고 부족했던 공부도 하는 것이 보람 있게 방학을 보내는 것이라고 주장했습니다. 그러나 이 정도의 주장은 다른 어린이들도 얼마든지 할 수 있는 것입니다. 독자들이 기대하는 것은 뭔가 새롭고 독창적인 주장이어야 합니다. 예를 든다면 이렇게 지도해 보세요.

나는 이번 방학에 동네에서 재활용품을 걷어 벼룩시장에 내다 팔아서 돈을 벌어 봄으로써 경제활동을 해보겠다.

이런 글은 독자들에게 신선한 흥미를 느끼게 만듭니다. 누구나 할 법한 주장은 접어두고 나만의 독창적인 주장을 펼칠 수 있게 노력하세요.

또한 주장하는 논리적 근거들이 추상적이고 막연합니다. 고쳐야 할 부분입니다. 예를 들어 취미생활을 해본다고 했는데 구체적으로 무엇을 하는 것이 취미생활인지 알 수 없군요. 또한 시간에 얽매이지 않는 자유로운 생활을 하는 것이 유적지 등을 돌아보는 것이라고 했는데 시간에 얽매이지 않는다는 말이 무슨 뜻인지 애매합니다.

예습 복습을 하면 2학기 학교생활을 쉽게 보낼 수 있다고 했는데 쉽게 보낸다는 게 무슨 뜻인가요? 공부를 안 해도 된다는 뜻인가요? 놀면서 보낼 수 있다는 말인가요? 그리고 자신 있는 과목에 매달려 연구하고 새로운 것을 알아낸다고 했는데 과연 초등학생이 연구해서 새로운 것을 알아낼 수 있을까요? 구체적으로 무엇을 어떻게 알아낸다는 것인지 잘 모르겠습니다.

결론에서 방학의 참된 의미를 느낀다고 했는데 그 참된 의미가 무엇인지 좀 더 구체적으로 알 수 있었으면 좋은 글이 될 수 있었을 것입니다.

❾ 퇴고가 중요

밥을 할 때 가장 중요한 것은 뜸을 들이는 것입니다. 갑자기 밥솥 뚜껑을 확 연다든가 하면 기껏 쌀 씻어서 열심히 만든 밥을 망치기 때문입니다.

글도 마찬가지입니다. 아이들은 글쓰기가 고역이라 생각해서 대강 쓰고 내버려 둡니다. 아무리 좋은 글도 그렇게 해서는 독자들에게 감동을 줄 수 없습니다. 끝날 때까지 끝난 게 아니라는 말이 있습니다. 마지막까지 긴장을 놓치지 말고 최선을 다해 원고를 다듬고 고쳐야만 합니다.

이걸 퇴고라고 합니다. 어려운 말이지만 아이들에게 이야기처럼 들려주세요.

당나라의 가도라는 사람이 과거를 보러 서울에 가던 길에 하루는 나귀 등에서 시구 하나가 떠올랐습니다.

새는 못가에 있는 나무에 깃들이고
중은 달빛 아래 문을 두드린다.

처음에는 집 대문을 미는 '퇴(推)' 자를 쓸까 하다가 다시 두드린다는 '고(敲)' 자를 쓸까 하며 결정을 못 했습니다. 나귀 위에서 때때로 손짓으로 밀거나 두드리는 동작을 하니, 보는 사람마다 이상하게 생각했다.

때마침 경윤(京尹) 벼슬에 있던 한유(韓愈)의 행차를 만났습니다. 시를 짓느라 얼이 빠져서 가도는 이 사실을 뒤늦게 깨달았습니다. 수행원들이 가도를 붙들고 한유의 앞에 끌고 갔습니다.

"어인 일로 나의 행차를 방해하는가?"

가도는 시구에 대한 이야기를 했습니다. 한유는 말을 세워 놓고 한참 동안 생각하다가 말했습니다.

"깊은 밤에 낯선 집의 대문을 불쑥 밀고 들어가는 것보다는 살짝 두드리는 게 좋겠네."

이렇게 두 사람은 고삐를 나란히 하고 돌아가 함께 시를 논하며 여러 날을 함께 머무르며 친구가 되었습니다. 가도가 '퇴' 자를 쓸까 '고' 자를 쓸까를 골똘히 생각한 일에서 유래하여 '퇴고'는 시문의 자구를 고치는 것을 비유하는 말로 쓰이게 되었습니다.

　퇴고의 과정이 힘들기에 글쓰기가 고통스러운 것입니다. 아이들의 글도 그런 부분이 부족하면 아래와 같이 됩니다.

방학을 잘 보내는 세 가지 방법

　몇 달 전부터 학수고대했던 여름방학을 전보다 다르게, 알차고 보람 있게 보내려면 무엇보다 방학계획표를 잘 세워야 한다. 하지만 세우는 것도 중요하지만 지키는 것도 중요하다. 그러면 방학계획표를 잘 지키려면 어떻게 해야 하는지 알아보자.

　첫째, 실속 있고 지킬 수 있는 방학계획표를 짜야 한다.

　만약 지키지도 못할 계획을 세운다면 지키기만 힘들어질 뿐이다. 방학을 기억남게 보낼 수 있고 자기의 조건에 맞게 세워야 올바른 방학 생활과 방학계획표를 잘 지킬 수 있을 것이다.

　둘째, 항상 눈에 띄는 곳에 방학계획표를 붙여 놓는다.

　'내일은 꼭 지켜야지'라며 계속 미루다 보면 개학식이 가까워져도 지키지 못할 것이다. 하지만 자기가 가는 곳마다 방학계획표가 눈에 띈다면 생각이 달라져서 지켜야겠다는 각오가 생겨서 꼭 지킬 수 있을 것이다.

　셋째, 방학계획표를 여러 가지 형식으로 짜야 한다.

　보통 생활계획표 형식으로 짠다면 아무 의미도 없고 새로운 기분이 들지 않을 것이다. 달력을 만들어 일일계획표를 짠다든지 주말을 따로 계획해서 짜면 훨씬 좋을 것이다.

여러 가지 자기 생활을 고려해서 형식을 바꾸면 자기가 만들었다는 자신감과 오기가 생겨서 정말 지키고 싶은 마음이 저절로 들 것이다.

방학계획표를 잘 지키려면 여러 가지 방법이 있겠지만 이 세 가지 방법을 알면 정말 후회하지 않는 알차고 보람찬 방학이 될 것이다.

양○○

여러 가지 기발한 주장이 눈에 띄는 글이었습니다. 그런데 마지막 다듬기가 완전하지 않아 글이 성공을 거두지 못하고 말았습니다.

글을 다듬을 때 주의할 점은 가장 먼저 자신의 글을 여러 번 소리 내어 읽어 보는 것입니다. 쓸 때는 아무 문제가 없는 것 같아도 읽어 보면 어색한 곳이 꼭 발견되는 법입니다.

예를 들어 이 글의 '하지만 세우는 것도 중요하지만 지키는 것도 중요하다'는 문장을 보세요. 소리 내어 읽어보면 어딘가 어색하지요? '계획을 세우는 것도 중요하지만 지키는 것은 더 중요하다'고 고치면 좀 낫지요? 이렇게 읽기 좋게 고치는 것을 다듬기라고 합니다.

또한 '방학을 기억 남게 보낼 수 있고 자기의 조건에 맞게 세워야 올바른 방학생활과 방학계획표를 잘 지킬 수 있을 것이다'는 문장도 소리 내어 읽어보면 어색한 문장이지요. 무슨 말인지 알 수가 없습니다. 말이 되도록 여러 번 다듬지 않았기 때문입니다.

'자기의 능력에 맞게 방학계획표를 짜야 잘 지킬 수 있고 기억에 남는 멋진 방학이 될 것이다'라고 다듬으면 쉽고 정돈된 문장으로 바뀝니다.

주장글은 어디까지나 우리가 늘 접하는 글로 독자에게 나의 주장을 알리는 것이기 때문에 매끄럽고 잘 읽히게 써야 합니다. 무슨 말인지 알 수 없는 거친 문장으로 주장한다면 소중한 보석을 시장에서 '골라골라' 하면서 마구 소리쳐 파는 것처럼 어울리지 않겠지요.

하지만 이 학생의 글은 자신만의 기발하고 독특한 주장이 있어서 칭찬해 주고 싶습니다. 계획표를 일일계획표와 주말계획표를 따로 짠다든가 눈에 띄는 곳마다 붙여 놓고 각오를 새롭게 한다는 것은 참 독창적인 주장이어서 흥미로웠습니다.

그러나 이런 계획표가 목표로 하고 있는 알찬 방학, 실속 있는 방학은 무엇인지 잘 알 수가 없습니다. 구체적으로 그것이 어떤 방학인지 먼저 설명이 되었더라면 좋았겠습니다. 퇴고하는 과정에서 이런 문제도 다 잡아낼 수 있어야 합니다.

⑩ 첫머리에서 독자들을 확 끌어당깁니다

수많은 독후감이나 백일장 혹은 각종 글들의 공모전 심사를 나는 많이 합니다. 그러면 엄청난 양의 글들이 응모되어 옵니다. 하나하나 정성껏 쓴 글들이지만 다들 비슷비슷합니다. 서론, 본론, 결론으로 이어지니까 서론은 평이하게 시작합니다.

하지만 그렇게 되면 이 글이 저 글 같고, 저 글이 이 글 같아 구별이 잘 안 됩니다. 남들과 비슷한 내용이나 문장으로 시작하면 안 되는 이유가 그것입니다. 수많은 글들 가운데 내 글이 눈에 띠려면 첫 문장부터 확 눈에 띄게 지도해야 합니다. 글의 제목이나 주제와 전혀 상관없는 시작으로 쓰는 것이 중요합니다. 그렇게 모험적이고 돌발적인 첫머리로 글을 쓰면 당연히 뒷부분의 글도 좋아질 수밖에 없습니다.

학생의 모범적인 글을 하나 보겠습니다.

스스로 좋은 책을 찾아서

'형설지공'이라는 말이 있다. 가난한 선비가 어려운 환경에도 열심히 노력해서 훌륭한 사람이 되었다는 이야기이다. 스위치만 누르면 밤에도 대낮과 같아지는 방에서 사는 우리는 상상할 수도 없는 일이다.

어른들은 이 이야기처럼 책을 많이 읽어야 똑똑해져서 훌륭한 사람이 될 수 있다고 말한다.

하지만 내 생각은 조금 다르다. 책을 읽는 것은 단지 지식을 얻기 위해서만은 아니기 때문이다.

예전에 『작은 아씨들』이라는 소설을 감명 깊게 읽었던 적이 있다. 전쟁에 참가한 아버지를 기다리는 어머니와 네 자매들을 그린 평범하고 소박한 이야기이다.

물론 이 소설을 통해 미국의 역사와 문화에 대해 배울 수 있었다. 하지만 내가 얻은 더 소중한 것은 그러한 지식이 아니다. 어려운 형편 속에서도 인간다움을 잃지 않는 등장인물들의 사랑과 우애가 나를 감동시켰다.

음식이나 옷에 대해 자주 투정을 부리고, 바쁘신 어머니의 부엌일 한번 도와 드린 일이 없는 내가 너무나 부끄러웠다. 매일같이 오빠와 다투고 짜증내기만 하던 내 생활을 반성하게 된 것이다.

결국 책은 나의 생활을 반성하는 거울이 되고, 앞으로의 삶에 대한 나침반 같은 구실을 하는 것이다. 소설을 읽으면서 주인공의 삶을 통해 나의 인생을 설계해 볼 수 있다. 위인전기를 통해서는 역경을 이겨내고 성공한 다른 사람의 장점을 본받을 수 있는 것이다.

지금까지 나는 내가 스스로 하는 책읽기를 많이 하지 않았다고 생각한다. 학교 숙제로, 부모님이 하라고 해서 마지못해 하는 독서는 나에게 크나큰 감동을 주지 못했다. 이제는 내가 좋은 책을 찾아서 더 많은 독서를 해야겠다.

이○○

독서의 소중함을 쓴 글입니다. 이 글은 무엇보다도 독서를 많이 해서 똑똑해지라는 어른들의 생각을 그대로 받아들이지 않고 자신의 생각을 내세운 것이 좋습니다. 주장글이라는 것은 바로 그런 태도에서 출발하는 것이기 때문입니다.

하지만 보다 나은 글이 되게 하기 위해 몇 가지 지적을 해보겠습니다. 앞서도 말한 첫머리의 문제입니다. 우선 형설지공이라는 예를 들면서 가난한 선비가 노력한 이야기를 첫머리에 꺼냈습니다. 물론 재미있고 유익한 보기이긴 합니다.

그렇지만 이 보기가 왜 필요한지 잘 알 수 없습니다. 형설지공으로 독서를 한 것이 자신의 주제인 독서의 고마움 혹은 독서의 효용성과 별 관계가 없게 묘사되었습니다. 다시 이야기해서 없어도 그만인 첫머리였다는 겁니다. 그리고 형설지공은 그렇게 새로운 이야기는 아니어서 알 만한 사람은 다 아는 뻔한 사자성어입니다. 차라리 첫 문장부터 역으로 '책을 읽지 말자'라든가 '소중한 책을 모두 모아서 불살라버린 사람이 있었으니 그 사람은 진시황이었다'라는 식으로 시작했다면 얼마나 재미있었을까요?

그리고 『작은 아씨들』의 예를 들면서 미국의 역사와 문화를 배울 수 있었다고 했습니다. 그러나 이처럼 배웠다고만 해서는 과연 어떤 문화를 배웠을까 하는 독자들의 궁금증을 풀어주지 못합니다. 구체적인 보기를 하나 들어준다면 훨씬 재미있으면서 즐겁게 읽을 수 있을 것입니다.

이 책을 읽고 내 생활을 반성하게 되었다고 하는데 과연 반성해서 앞으로 어떻게 하기로 했는지 잘 알 수 없습니다. 그냥 반성만 하고 여전히 옛날과 같은 식으로 살고 있는 것은 아닌지 걱정됩니다. 끝으로 좋은 책을 많이 찾아 읽겠다고 했는데 과연 어떤 책을 좋은 책이라고 생각하는지 알 수 없습니다. 사실은 이게 가장 중요한 문제인데 말입니다.

역시 첫머리가 진부하니까 결론까지도 진부하게 이어짐을 알 수 있습니다.

⓫ 섣부른 단정을 피하도록 합니다

'남자는 배, 여자는 항구'라는 곡이 있습니다. 그 노래 가사를 보면 '남자는 다 그래'라고 마무리하고 끝이 납니다. 노래 가사는 감성적인 것이니 그런 문학적 표현도 수용해 줄 수 있습니다.

하지만 일반적인 글이나 주장글에서 그런 단정적인 표현은 정말 큰 문제를 일으킵니다. 이런 단정은 자칫하면 인권이나 지역감정 혹은 차별과 편견을 만들어내는 수가 있기 때문입니다.

"흑인이 힘이 세다."

이런 말이 있다고 칩시다. 흑인이라는 인종 전체가 모두 힘이 셀 수는 없습니다. 섣부르게 일반화한 것입니다. 이런 주장은 그렇기에 위험합니다.

어린이들의 글은 그런 섣부른 일반화, 섣부른 단정을 하기 쉽습니다. 이런 것을 꼼꼼히 따져보는 습관을 기르도록 지도하는 것이 중요합니다.

예문을 보겠습니다.

거지. 불쌍한 사람들이다. 오죽하면 구걸을 할까. 그러나 나는 구걸하는 거지를 보면 화가 난다. 정말 아무 것도 할 수 없는 불구라면 어쩔 수 없겠지만 노력하면 얼마든지 자신의 힘으로 살아갈 수 있을 것 같은 거지들을 보면 일자리를 구해 주고 싶은 마음까지 생긴다.

우리나라 사람들은 꼭 거지에게 돈을 주어야 착한 사람인 줄 알고 있다. 그런 생각은 이제 버려야 한다. 거지들에게도 자립심을 키워주어야 한다.

거지들은 왜 남의 것을 바라고 살까? 마음만 먹으면 혼자서도 충분히 살아갈 수 있는데……. 물론 우리가 조금의 돈을 주는 것은 부담스러운 것은 아니다. 잠깐의 만족감도 느낄 수 있을 것이다. 거지에게 적선을 했다는……. 그러나 그것은 거지를 더욱더 나태하게, 그리고 영원히 거지로 만들어 주는 것이 된다.

이런 이야기도 있다.

거지인 꼬마가 어떤 아저씨에게 "한 푼만 줍쇼. 한 푼만 줍쇼"하며 구걸했다. 이 딱한 모습을 본 아저씨는 아예 정기적으로 그 아이에게 도움을 주었다. 하지만 그 아이는 청년이 되어서까지도 아저씨의 도움에 의존하여 살아가려고만 했다.

어느 날 아저씨는 이제라도 혼자의 힘으로 살아갈 수 있는 힘을 기를 수 있도록 도움을 끊었다. 그 아이는 처음엔 아저씨를 원망했으나 스스로 살아갈 수 있는 방법을 찾기 시작했다. 순간의 굴욕감, 그 순간만을 견디며 편하게 20여 년 동안 자기가 할 수 있는 일을 찾아보지 않았던 그 청년은 그제야 자신의 떳떳한 삶을 시작할 수 있었던 것이다. 그 아저씨가 돈을 그만 주었던 것이 곧 그 거지를 새 사람으로 만들어 주는 지름길이 되었던 것이다.

이 이야기와 같이 불쌍하다고 돈을 던져줄 것이 아니라 새로운 인생을 시작할 수 있는 용기가 생길 수 있도록 자존심을 만들어 주는 것이 참으로 도와주는 것이라고 생각한다.

지○○

사실 요즘은 과거와 같이 거지를 많이 구경할 수 없습니다. 사는 것이 나아지기도 했지만 사회복지제도가 많이 시행되어서 대부분 그런 사람들은 수용시설에서 머물기 때문입니다. 하지만 간간이 길거리에서 노숙자를 보게 됩니다. 그럴 때의 심정을 이 글은 잘 표현하고 있습니다. 첫머리의 시작도 아주 파격적이면서 흥미를 끌 수 있게 잘 되었습니다. 그리고 거지에게도 자립심을 길러 주어야 한다는 자신의 주장을 차분하게 논리적으로 잘 드러내고 있습니다.

글의 후반부에 어떤 거지의 예를 든 것도 좋았습니다. 훨씬 설득력 있게 되었습니다. 하지만 혼자 힘으로 살 수 있는데도 편히 살려고 구걸하고 동정을 바라는 사람이 과연 얼마나 될까요? 얼마 없을 겁니다.

뿐만 아니라 '우리나라 사람들은 꼭 거지에게 돈을 주어야 착한 사람인 줄 안다'고 했는데 그럼 돈 안주고 지나가는 다른 사람들은 다 나쁜 사람으로 알고 있나요? 거지에게 돈을 주는 것과 그들의 자립심을 길러주는 것이 꼭 반대되는 생각인가요? 돈을 주면서 빵을 사먹고 힘내서 일해 자립하라고 하는 건 동정인가요, 자립인가요?

쉽게 판단할 문제가 아니기 때문에 섣부르게 단정하면 논리적 모순에 빠지기 쉽습니다.

좀 더 좋은 글이 되기 위해 몇 가지 지적을 해보겠습니다.

우선 '노력하면 얼마든지 자신의 힘으로 살아갈 수 있을 것 같은 거지'들을 보면 일자리를 구해주고 싶고 화가 난다고 했습니다.

또한 거지들은 '마음만 먹으면 혼자서도 충분히 살 수 있다'는데 세상일이 그렇게 맘만 먹으면 다 될까요? 이 글을 쓴 어린이도 맘만 먹으면 전교에서 제일 공부 잘하는 어린이가 될 수 있겠지만 과연 그게 말처럼 쉬운 일일까요? 막연하고 쉽게 단정을 지으면 자신의 글이 논리적인 약점을 지닌다는 사실을 잊지 마세요.

거지에게 '인생을 시작할 수 있는 용기가 생길 수 있도록 자존심을 만들어 주는 것'이 중요하다고 했는데 자존심이 있는 사람이라면 거지가 되지도 않았을 것 같지 않습니까?

이처럼 글로 쓰는 것과 자신의 행동은 다른 것입니다. 글쓰기가 어렵고 신중해야 하는 이유가 바로 그것입니다.

⑫ 때론 재미있게 주장을 펼칠 수도 있습니다

어린이들에게 글이라는 것은 자칫하면 지겹거나 쓰기 싫은 것이 될 수 있습니다. 게다가 주장글을 쓰라고 하면 잔뜩 긴장을 하고 엄격하게 쓸 궁리만 합니다.

아무리 주장글이라지만 재미있고 부드럽게 쓸 수도 있습니다. 틀에 박혀서 딱딱하고 재미 없어야 할 필요는 없습니다. 재미있으면서 자신의 주장을 잘 담을 수 있다면 더욱 좋겠지요. 아래의 글을 살펴보면 그걸 알 수 있습니다.

요즘 잘못된 식생활로 인해 너무 뚱뚱하거나 너무 말라버린 아이들이 늘고 있다. 그렇다면 잘못된 식생활을 고치고 건강한 식생활을 하려면 어떤 노력을 해야 할까?

첫째, 인스턴트식품이나 가공식품을 먹는 것을 최대한 줄이고, 자연식품을 많이 먹어야 한다. 인스턴트식품이나 가공식품은 간편하기는 하지만 오랫동안 보관할 수 있도록 만들어지기 때문에 방부제나 우리 몸에 해로운 성분들이 많이 들어 있다.

하지만 이에 비해 김치나 된장 등의 자연식품은 항암 성분이 풍부하게 들어 있을 뿐만 아니라 우리 몸에 좋은 성분이 많이 포함되어 있다. 그러므로 인스턴트식품이나 가공식품보다는 자연식품을 더 많이 먹도록 하자.

둘째, 음식을 골고루 먹어야 한다. 모든 음식에는 각각 다른 영양소들이 들어 있다. 이런 영양소들을 골고루 섭취해야 우리 몸도 더욱 건강해지고 제구실을 하게 된다. 하지만 음식을 골고루 먹지 않게 되면 영양 균형이 파괴되어 자칫 잘못하면 건강을 잃게 된다.

예를 들어 비타민C가 모자라게 되면 감기가 자주 걸리게 되고, 칼슘이 모자라게 되면 뼈가 약해진다. 그러므로 어느 한 영양소라도 부족하지 않도록 음식을 골고루 먹어야 한다.

내가 위에서 제시한 두 가지 근거들은 우리 모두가 잘 알고 있는, 어쩌면 당연한 사실들이다. 그러나 이러한 당연한 사실들을 사람들은 알면서도 지키지 않고 있다. 건강한 식생활은 무엇보다도 실천이 중요하다. 꼭 지켜야 한다는 마음가짐으로 건강한 식생활을 위해 노력하자.

이○○

요즘은 확실히 뚱뚱한 사람을 많이 볼 수 있습니다. 그만치 영양가 높은 음식을 많이 먹을 수 있게 되었기 때문입니다. 북한에서는 아직도 굶어 죽는 어린이들이 있는데 우리나라에서는 버리는 음식이 엄청난 분량이라고 하니 문제는 문제입니다. 건전한 식생활은 경제적으로나 신체적으로 중요한 것입니다.

이 글은 잘못된 식생활을 어떻게 개선해야 하는지에 대해 정확히 문제를 제기하고 있습니다. 인스턴트 식품을 자제하고 음식을 골고루 먹어서 건강한 식생활을 하자는 것이 주장의 요지입니다. 나무랄 데 없이 잘 쓴 글입니다. 해결책으로 내세운 주장도 근거가 있는 타당한 것입니다. 이 글을 읽은 사람들은 누구나 고개를 끄덕일 것입니다. 말하자면 이 글은 주장글의 아주 본보기인 글이라 할 만합니다. 칭찬해 주고 싶습니다.

예를 들면 친구 가운데 하나는 뚱뚱한 아이인데 먹는 습관을 잘 관찰해 보았더니 늘 인스턴트 식품을 먹고 있다는 예를 든다면 주장이 훨씬 설득력을 가질 겁니다. 또한 인스턴트 식품이 방부제나 해로운 성분이 많이 들었다고 하는데 구체적으로 우리가 자주 먹는 라면 같은 식품에 어떤 방부제가 얼마나 들어 있는지 자료를 조사해 수치를 들어 준다면 독자들은 인스턴트 식품의 위험성을 훨씬 더 잘 알게 될 겁니다. 그런 생생한 예를 보여 주었으면 하는 아쉬움이 남습니다.

그리고 결론에도 문제가 있습니다. 어찌 보면 당연한 이 사실을 알면서도 안 지킨다고 말했습니다. 꼭 지켜야 한다는 마음가짐으로 건강한 식생활을 위해 노력하자는 것은 당연한 결론입니다. 그렇지만 너무나 당연하기 때문에 주장이 추상적입니다. 구체적이었으면 좋겠습니다. 예를 든다면 카페인이 많이 들어 있는 콜라나 코코아를 먹지 말자든가, 패스트푸드를 줄이고 밥이나 국 등의 우리 음식을 많이 먹자는 식으로 구체적으로 실천 가능한 작은 결론이라도 냈으면 하는 아쉬움이 남습니다.

⑬ 모범답안이 반드시 좋은 건 아닙니다

가끔 심사에 가보면 모범답안 같은 글들이 있습니다. 아주 반듯하게 글씨도 썼지만 무엇보다 자신의 생각이나 주장에 문제는 없습니다. 지극히 당연한 이야기를 합니다. 틀린 말도 아닙니다.

앞으로 열심히 공부해서 부모님께 효도하겠다.
책을 많이 읽어서 책속의 위인들처럼 훌륭한 사람이 되겠다.

이렇게 썼다고 야단을 치거나 뭐라 할 수는 없습니다.
그러나 글은 이렇게 모범답안을 쓰는 시험문제가 아닙니다. 어머니들이 지도할 때 너무 모범답안을 가르칠 필요는 없습니다. 이 세상에 정답이 없듯 글에도 모범은 없습니다. 책 가운데 모범은 교과서겠지요. 하지만 교과서가 재미있다고 두고두고 읽는 사람은 없습니다. 그것과 흡사한 이치입니다.
모범생의 잘 쓴 글을 하나 보겠습니다.

보람찬 연말연시를 보내는 방법

올해도 막바지에 다다랐다. 사람들은 너나할 것 없이 연말이 되면 한해를 아쉬워하며 나름대로 연말연시를 즐긴다.

새해가 시작되었을 때 나는 공부를 정말 열심히 하고 책도 많이 읽겠다고 부모님에게 약속을 하였다. 그러나 지금 며칠이 남지 않았는데 결국 그 약속을 충실히 지켰다고 자신할 수는 없다.

연말연시에는 기분에 들떠서 놀 생각을 하지 말고 우리 자신을 되돌아보아야 한다고 생각한다. 자신이 새해에 다짐했던 것을 지켰는지, 아니면 마음에 드는 삶을 살았었는지 등을 말이다.

그러면 보람찬 연말연시를 보내는 방법을 알아보자.

첫째, 일기로써 하루를 반성하는 것과 같이 하루의 밤과도 같은 연말연시를 반성하여 보자! 내년에는 반성하는 일이 적고 목표를 달성할 수 있도록 계획을 내 자신에 맞게 잘 잡아보자.

둘째, 고마운 분들께 연하장이나 감사의 편지를 보내자! 한 해 동안 고마웠던 분, 우정을 나누고 싶은 친구에게 말로써 표현을 못하였던 것을 글로써 전하여 보자.

셋째, 불우이웃을 돕자! 연말연시만 되면 거리에 구세군 자선냄비에서 울려 퍼지는 종소리에서부터 우리는 불우이웃을 생각하게 된다. 모두가 들뜨고 행복해 보일 때면 외롭고 가난한 사람들은 더욱더 불행한 느낌이 들 것이다. 우리 어린이들이 불우이웃을 돕는다고 생각하면 어떻게 도와야 할지 막막할 것이다. 나는 텔레비전만 켜면 화면에 나타나는 자동응답 전화 한 통화에 2000원으로 작지만 이웃사랑을 전한 적이 있다.

  둘러보면 불우이웃을 도울 수 있는 기회는 많이 있을 것이라고 생각된다.

  연말이라고 들떠서 기분을 낼 것이 아니라 가족과 함께 한해를 되돌아보고 내년에는 반성할 것이 좀 더 적어질 수 있도록 계획을 내 자신에 맞게 잘 세워야 한다고 생각한다.

지○○

  한 해가 바뀌면 누구나 후회되는 점도 많고 반성해야 할 일도 많습니다. 하지만 그런 것들을 토대로 새해에 좀 더 열심히 노력할 수 있다면 보람찬 시간을 보낼 수 있을 것입니다.

  지양의 글도 그런 면에서 새해를 맞이하는 각오를 새롭게 하는 글이군요. 새해가 시작될 때 여러 가지 좋은 계획을 가졌지만 한 해를 마감하는 지금 자신과의 약속을 충실히 못 지켜서 아쉬움이 많이 남는다는 내용입니다.

  그러나 얼마나 약속을 충실히 못 지켰는지 잘 알 수가 없습니다. 100권의 책을 읽겠다고 했다가 99권을 읽은 건지, 10권 읽겠다고 했다가 1권 읽은 건지 구체적으로 드러나게 썼으면 좋겠습니다. 공부를 정말 열심히 하겠다고 했는데 그것 역시 어떤 공부인지 모르겠습니다. 글짓기도 공부이고 책 읽는 것도 공부인데 어느 공부를 어떤 목표를 가지고 얼마나 열심히 하려 했는지 알 수가 없습니다.

  또한 결론의 반성할 것이 적은 계획을 짜겠다고 했는데 구체적으로 그 계획은 어떤 계획일까요? 자세하게 알려주면 좋겠습니다. 글은 나 자신이 쓰는 것이지만 읽기는 나 아닌 다른 사람들이 읽습니다. 그렇기 때문에 나만 아는 당연한 사실도 남에게는 구체적으로 설명해 줄 수 있어야 합니다.

그리고 연말연시를 보람차게 보내는 방법으로 연말연시를 반성하고 고마운 분들에게 연하장을 보내고 불우이웃을 돕자고 했습니다. 다 옳은 주장입니다.

그러나 이 같은 주장은 그다지 새로울 게 없습니다. 누구나 할 수 있는 주장이라는 뜻입니다. 조금만 생각하면 누구나 비슷하게 생각할 것을 굳이 주장할 필요는 없습니다. 주장글의 생명은 독창성입니다. 주제는 비록 같을지라도 그 주제에 대해 나만의 독특한 주장이 있어야 하는 것입니다.

예를 들면 일 년 내내 열심히 생활했으니까 연말연시에는 아무 것도 하지 말고 쉬자고 주장해 보면 어떨까요? 그리고는 내년에도 열심히 노력해서 부지런히 뛴 다음 연말에는 또 푹 쉰다면 보람찬 한 해의 마무리가 될 수도 있다고 주장해 보는 겁니다. 그렇다면 독자들이 새로운 주장을 흥미롭게 읽을 것입니다.

주장글의 생명은 어디에서도 볼 수 없었던 독창적인 주장을 치밀한 논리로 펼쳐 보이는 것이랍니다. 모범답안 같은 주장글로는 독자들을 설득할 수 없겠지요. 불우이웃을 돕자며 자동응답 전화를 걸어 도운 적이 있다는 것은 구체적으로 자신이 실천한 예를 든 것이어서 칭찬해 주고 싶습니다.

⓮ 첫머리가 좋아야 끝도 좋습니다

누차 얘기하지만 자녀들의 글을 지도할 때는 항상 첫머리부터 잘 써야 합니다. 사람을 만나면 첫인상이 모든 걸 좌우하는 것과 흡사합니다.

글도 첫 문장 첫 문단이 중요합니다. 매력적인 첫 문장과 첫 문단을 만나면 독자들은 마음이 열리고 그로 인해 글을 끝까지 읽어내기 때문입니다.

공무원이 좋지만은 않다

공무원은 불쌍하다. 우리 아빠는 공무원이기 때문에 난 잘 안다. 너무 불쌍하다.

그런데 우리 아빠에게 사람들은 좋겠다고 한다. 무슨 뜻인지 잘 몰랐는데 알고 보니 아빠는 60세까지 일할 수 있기 때문이란다. 젊은 형들이 공무원 되겠다고 시험을 본다. 우리 반에도 꿈이 공무원인 아이들이 있다. 공무원이 아빠라고 하면 다들 부럽다고 한다. 좋겠다고 한다.

하지만 나는 그렇게 생각하지 않는다. 공무원이 좋지 않다. 아빠는 비가 많이 오거나 눈이 잔뜩 오면 새벽 같이 출근하신다. 그리고 천재지변이 생기면 밤늦게까지 고생하신다. 전염병 걸린 돼지나 닭을 땅에 묻은 뒤 집에 와서 눈물을 흘린 적도 있다.

그런데도 내 친구들은 아무것도 모른 채 아빠가 공무원이어서 좋겠다고 말한다. 아빠는 이렇게 말씀하셨다.

"공무원은 국민들이 낸 세금으로 월급을 받기 때문에 참아야 해. 국민들이 하기 싫은 일을 하는 게 공무원이란다."

그렇게 힘든 일을 하기 때문에 나라에서 오랫동안 안정적으로 일할 수 있게 해 주었다고 아빠가 말했다.

하지만 나는 공무원이 불쌍하다. 사람들이 부러워하는 건 잘 몰라서다. 잘 모르는 것에 대해서는 편견을 갖고 있다. 앞으로 공무원을 보면 편안하게 일하는 사람이라고 생각하지 않았으면 좋겠다. 공무원도 자존심이 있기 때문이다. 그들의 자존심을 지켜 주어야 한다. 공무원이 없다면 힘한 일은 누가 한단 말인가? 공무원은 국가를 위해, 우리를 위해 열심히 일하는 사람일 뿐이다.

지○○

이 글은 서두에서부터 강하게 나왔습니다. 아빠가 공무원인 어린이의 가슴 아픈 이야기입니다.

사람은 누구나 먹고 살기 위해 일을 하지요. 그러다 보니 자기가 잘 모르는 분야에 대해서는 편견을 가지고 이야기할 수도 있습니다. 아마 공무원 부모를 둔 아이가 마음의 상처를 입은 것 같습니다. 글 속에서 그러한 아픔을 잘 묘사했습니다.

첫머리에 공무원은 불쌍하다고 툭 던진 것이 아주 파격적이면서 흥미를 끌 수 있게 되었습니다. 그러면서 공무원이 힘들다는 것을 사례를 들어가면서 이야기해 주었습니다. 국가의 어려운 일이 있을 때마다 공무원들이 나서서 열심히 일한다는 것입니다. 설득력이 있고 왠지 숙연해집니다. 남의 일이라고 함부로 말했던 것이 반성이 될 수도 있습니다.

주장글은 이렇게 자신의 이야기를 진솔하게 이야기하며 사람들을 설득하는 것입니다. 이 글을 읽은 사람들은 아마 공무원에 대한 편견과 차별 의식이 많이 사라질 것입니다. 그리고 무조건 공무원이 되겠다고 시험공부만 하는 사람들도 다시 한 번 생각할 것입니다. 세상에 쉽고 편하고 좋기만 한 일은 없습니다. 공짜가 없기 때문입니다.

이런 많은 생각을 하게 하는 이 글은 정말 좋은 글입니다. 첫머리가 좋았기 때문에 그렇게 마무리 할 때 의미 있게 정리를 했습니다. 초등학교 고학년 학생이지만 성숙한 글을 썼습니다. 자신의 이야기를 하며 사람들을 설득했습니다. 다 읽고 나면 공무원들이 정말 수고한다는 생각을 다시금 하게 될 것입니다.

⑮ 찬성과 반대 모두 근거가 필요합니다

요즘은 학교에서도 토론 교육을 강화합니다. 토론이야말로 어린이들의 지적 능력을 최대치로 이끌어 올리기 때문입니다. 그렇다 보니 글쓰기에서도 찬성이냐 반대냐의 의견을 물어 어린이들이 자신의 주장을 설득력 있게 펼치는 훈련이 큰 도움이 됩니다.

어린이들이 화장을 하는 문제에 대해 쓴 글을 보겠습니다.

요즘 우리 학교에서도 화장한 아이들의 모습을 자주 볼 수 있다.
　하지만 어른 흉내를 내고 싶다고 화장을 하면 여러 가지 안 좋은 점이 있다.
　그러면 어린이들이 화장을 하면 안 되는 이유를 들어보겠다.
　화장한 피부보다는 어린이의 순수함이 그대로 묻어 나오는 얼굴이 더 좋기 때문이다. 탤런트와 아나운서는 화장을 무척 진하게 한다고 한다. 조명 등 방송을 위해서는 어쩔 수 없다는 것이다.
　하지만 그들은 얼굴에 무엇인가 덕지덕지 붙어 있는 것 같아 답답하다고 한다. 상황만 허락한다면 화장을 안 했으면 하고 바라기도 한다. 화장 안한 얼굴이 자연스럽고 건강에도 좋기 때문이다.
　화장은 어린이의 순진한 얼굴을 가리는 베일과 같다. 탤런트들이 화장을 한다고 그대로 따라하는 것은 좋지 않다. 더구나 탤런트가 억지로 하는 화장을 멋으로 보면 문제가 있다.
　그냥 어린이들의 순진함을 보여주는 얼굴이 세상에서 가장 아름답고 예쁜 멋이기 때문이다.

이○○

　초등학생들의 화장은 좋지 않다고 생각합니다.
　물론 저도 화장을 해본 적이 있습니다. 처음엔 발그스름하고 귀엽지만 화장을 지운 뒤에는 맨 얼굴이 이상해 보입니다.
　이처럼 맨 얼굴을 감추기 위해 화장을 하다보면 피부에 변화가 생겨

피부노화 현상이 일어납니다. 그러면 화장을 안 하고는 밖에 나갈 수 없게 됩니다. 어린이들의 피부는 어른들처럼 강하지 않고 약합니다.

공부 시간도 줄어듭니다. 얼굴에 신경 쓰다 보면 꾸미느라 정신없어집니다. 초등학생이란 신분에서는 화장보다는 공부에 열중해야 합니다. 자기의 위치에서 열심히 생활하는 모습이야말로 화장으로 얼굴을 덮는 것보다는 멋있고 아름다운 모습입니다.

이젠 화장은 지우고 자기의 위치에서 최선을 다합시다.

조○○

아마 이 주제는 대부분 반대하는 주제일 것입니다. 그럼에도 불구하고 반대하는 의견을 조리 있게 드러내는 것은 별개의 문제겠지요?

조군은 자신이 화장해본 경험을 살려 글을 시작해 대단히 관심을 끕니다. 그리고 근거를 들어가며 화장을 하면 안 좋은 이유를 주장했습니다.

하지만 반론으로 피부가 약하기 때문에 화장품을 바르는 사람들도 있지 않을까요? 그렇게 본다면 화장이 꼭 노화현상을 일으킨다고만 볼 수는 없겠지요.

결론으로 제시한 자신의 위치에서 열심히 생활하는 모습이 멋있다고 했지만 과연 화장하는 것과 열심히 생활하는 것이 무슨 상관이냐고 반론을 제기한다면 어떻게 할지 궁금합니다.

이양의 글은 구체적이고 화장을 하면 안 되는 이유를 조목조목 들었습니다. 아주 차분하며 빈틈없는 논리 전개 방식입니다. 칭찬하고 싶어요.

   탤런트들의 예를 들면서 화장 안한 순수함이 더 좋다는 것은 아주 좋은 주장입니다. 설득력도 있고 누구나 수긍할 수밖에 없게 잘 다듬었습니다. 덧붙인다면 '진한 어린이들의 얼굴'이라는 말에서 '순진한'보다는 '순수한'이나 '맑고 깨끗한'으로 바꾸었으면 좋겠습니다.

마치는 글

글쓰기에 왕도는 없습니다

책을 쓰는 동안에도 많은 어머니들에게서 자녀들이 글을 잘 쓰는 방법에 대한 질문을 받았습니다.

"글짓기에서 상 받는 아이들은 따로 있을까요?"
"우리 애가 글을 잘 쓰는지 못 쓰는지 어떻게 알죠?"
"상을 받는 요령이 있나요?"

상을 받기 위해 글을 쓰지는 않지요. 하지만 교육이 필요한 어린이들이 대회에 나가 작은 상이라도 받으면 그건 작은 승리입니다. 작은 승리가 모여 큰 승리를 이룹니다.

글짓기대회에서 심사위원을 하다보면 다양한 아이들의 글을 마주하게 됩니다. 마치 어른들의 생각과 글처럼 잘 쓴 아이들부터 대회에 참가하기엔 조금 어설픈 글도 접하게 됩니다. 심지어 어른이 써준 게 분명한 글들도 많이 보입니다.

처음부터 글을 잘 쓰는 어린이는 없습니다. 노력만이 길입니다. 우리 국어는 어른들조차 맞춤법을 제대로 지키지 못할 정도로 어려움이 있습니다. 더구나 집에서 평소에 가족들이 틀린 말을 서로 사용하는 환경이라면 아이들이 맞춤법을 지키기 힘들겠죠? 혹시 어머니들은 맞춤법이나 글쓰기에 관심을 전혀 두지 않으면서 아이들에게만 글짓기 대회에서 좋은 결과 내기를 기대하고 있진 않았는지요?

시작하는 글에서 말씀드렸듯이 아이들에게 가장 좋은 선생님은 바로 아이들과 함께 많은 시간을 보내며 생활하는 어머니입니다. 다음에 정리해 드리는 사항을 유념해서 책을 읽고 어머니들이 가정에서 아이들과 대화를 나누길 바랍니다.

1. 첫머리부터 참신하게 쓴다.
2. 구체적인 에피소드를 소개한다.
3. 결론에 자신의 주장이 분명해야 한다.
4. 글씨에 정성이 있어야 하고, 맞춤법이나 띄어쓰기가 틀리지 않아야 한다.
5. 글쓰기 전과 쓰고 나서의 내가 어떻게 달라졌는지 드러나야 한다.
6. 앞으로의 구체적 실천 방향이 담겨야 한다.

글쓰기 대회의 수상 요령은 따로 없습니다. 좋은 글이라면 심사위원들의 눈에 반드시 들게 됩니다. 지금 어머니들의 책을 읽고 공부하는 노력이 반드시 아이들에게 좋은 결과를 가져다줄 겁니다.

| 부록 |

글쓰기에 인용하면 힘이 되는 명언

1. 예의

예의가 지나친 사람은 속마음이 약해진다.
- 한비자

법률로써 이끌고 형벌로써 다스리면 백성들은 이 그물만 벗어나려고 해서 부끄러움을 모른다. 그러나 덕으로써 인도하고 예의로써 다스리면 부끄러움을 알고 올바른 사람이 되려 한다.
- 공자

마음에는 예의란 것이 있다. 그것은 애정과 같은 것이어서 순수한 예의는 밖으로 흘러나와 행동으로 나타나는 것이다.
- 괴테

바른 행동이라도 예의가 뒷받침되지 않으면 존경을 받을 수 없다.
- 그라시안

장점과 훌륭한 예의는 어디서나 번영할 것이다.
- 체스터필드

2. 정의

정의는 넓은 땅을 차지하고 있다. 그러나 마음의 선량함은 더욱 넓은 땅을 차지한다.
- 괴테

용기가 있으면서도 정의의 길을 알지 못하는 자는 반란을 일으킬 염려가 있다.
- 논어

증오란 정당한 것이다. 부정을 미워할 줄 모르는 사람은 정의를 사랑하지 못한다.
- 로망 롤랑

언제나 정의를 행하라. 이것은 많은 사람들을 기쁘게 할 것이며, 그 밖의 사람들을 놀라게 할 것이다.
- 마크 트웨인

이 세계는 정의에 의해 존재한다. 정의가 없다면 이 세상의 어떤 피조물도 존재할 수 없다.
- 소크라테스

3. 겸손

평범한 능력밖에 없는 사람에게 겸손은 순수한 마음의 표상이 되지만 훌륭한 능력을 지닌 사람에게 겸손은 위선일 뿐이다.
- 쇼펜하우어

겸손하되, 자신의 뜻을 분명히 밝혀라.
- 앤드류 매튜스

물이란 본디 산 꼭대기에 머물지 않고 계곡을 따라 흘러가는 법이다. 이처럼 진정한 미덕은 다른 사람보다 높아지려고 하는 사람에게는 머무르지 않으며 겸손하고 낮아지려는 사람에게만 머무는 법이다.
- 탈무드

겸손한 자만이 다스릴 것이요, 애써 일하는 자만이 가질 것이다.
- 에머슨

천하를 위해 헌신한 공로가 있어도 겸손하여 자랑하지 않고 뽐내지도 않는다. 이것이 군자의 덕이다. 만 사람이 오직 그 자리를 보전하여 유종의 미를 거두게 되어 길하다.
- 역경

4. 효도

어버이가 살아 계시는 동안에는 어버이가 안심하고 살 수 있도록 힘써야 한다. 그것이 효도다.
- 효경

내가 아버지께 효도하면 자식이 또한 나에게 효도한다. 내가 어버이께 효도하지 않는데, 자식이 어찌 나에게 효도하겠는가.
- 강태공

자식이 효도하면 어버이는 즐겁고, 집안이 화목하면 모든 일이 이루어진다.
- 명심보감

부모가 나를 완전한 몸으로 낳아 주셨다. 자식 된 나도 그 몸을 완전하게 보전하여 부모에게 돌려주어야 한다. 이것이 효도라고 하는 것이다.
- 공자

효도는 인정의 자연에서 우러나오는 것으로 모든 도덕의 근본이 된다. 또한 교육의 근원이 되는 것이다.
- 효경

5. 사랑

사랑은 모든 것을 이긴다.
- 힐티

사랑하는 사람의 눈에는 장미꽃의 가시도 안 보인다.
- 독일 속담

만약 한 사람의 인간이 최고의 사랑을 성취한다면, 그것은 수백만의 사람들의 미움을 해소시키는 데 충분하다.
- 간디

사랑하는 것이 인생이다. 기쁨이 있는 곳에 사람과 사람 사이의 결합이 이루어진다. 사람과 사람 사이의 결합이 있는 곳에 또한 기쁨이 있다.
- 괴테

변하지 않는 사랑은 고귀하다. 일생동안 사랑을 지키는 것보다 더욱 어려운 일은 없다.
- 그라시안